格龍仁波切 —— 著

DZA KILUNG RINPOCHE

譯 —— 張圓笙

從心解脫

THE FREE MIND

Finding Clarity in a Digitally Distracted World

數位時代的心靈降躁法，
藏密大師教你找回
內在的寧靜與澄明。

目錄

中文版作者序

親愛的台灣讀者，很高興《從心解脫》能與你相見。我希望，當你隨著書中描述的旅程去探索時，能同時發掘到喜悅和深刻的見解。書名不僅代表它的名稱，更希望能讓古老的佛法哲學在生活中體現，作為一種修習智慧和生存的方式。我們每個人都有潛力去體驗覺醒心靈的真實本質。經由在日常生活中辨認並把握這個機會，我們可以把隨著心靈解脫而來的自由，充分體現出來。

本書適合任何有興趣學習禪修和練習正念以增進幸福安康的人。無論你是否具有佛法的基礎或是知識都沒關係。重要的是，這本書提供了實用的技巧和永恆的智慧，可以融入你的生活，無論你的個人信仰是什麼。這些工具旨在喚醒你的心靈並加深你在任何情況下的正念。

在目前的二十一世紀，許多人感覺自己被電子設備「綁」住了，無法斷開聯繫。如果這句話引起了你的共鳴，請放心，你在與數位科技的關係中找到平衡和紀律，是辦得到的。重要的是，我們不應將電子設備視為註定就是負面影響，數位設備也可以成為駕馭現代生活的有力工具，但是如果讓它變成主人，控制我們的生活，就會有危險。久而久之，數位干擾會成為慣性，將更難以擺脫。這些持續的慣性模式會偷走真正有價值的時光。

我們都面臨著各種挑戰，威脅著我們內在的平靜與安寧。身為人類，我們追求在高速世界中的成就，常常渴望一切都能得到更多。然而，這種對「更多」的渴望會造成焦躁和不知足，成為我們充分體驗真正的快樂和滿足的障礙。找到能夠容納平衡的空間至關重要，因為當我們在生活中遇到障礙時，平衡能為我們導航，不讓我們被壓垮。日常生活中的各種處境有可能會帶給我們心靈澄澈，也有可能造成我們的散亂——很大程度地取決於我們選擇如何去應對它們。固有的或固定的殺傷性並不存在。最終，憑藉著智慧和善巧，我們可以認出干擾，並體悟它們的本質只是我執與幻相。我們將可以在自己純淨的自由心靈中，體驗到內心深處基底的幸福。

透過這本書，我提供了如何在生活中創造平衡的引導，重點放在生活品質而不是行動的速度。我鼓勵你們除了要反思，還要探索和培養存在於我們內裡那與生俱來的人性特質。這些特質始終都存在，每天都等著與我們相遇時被發掘和長養。它們的價值非常巨大，透過敞開、平等心、愛和慈悲，它能使我們以及他人的生活都獲益。

請記住，禪修不是魔術。這是一個漸進的過程，需要耐心、毅力，還要有臨在當下的意願。當你修持正念和慈悲時，回報會自然而然到來，帶來超越干擾的安寧與澄明。無論你是否遵循某特定傳統進行禪修或冥想，關鍵在於你如何對待生活以及你為修持所付出的努力。禪修的結果能夠反映出你投入禪修的意願有多大。

最後，禪修不是一樁你昨天做過就算了的事情，它是今天要修的事。只要干擾還在心中逗留，請不要等待，現在就去進行禪修。反思自己真正的本質，擁抱一個不設限的生命。當你完全活在當下時，你不再覺得禪修和正念只是個遙遠的概念，它們將成為構成你日常生活中不可或缺的天然成分。

——扎．格龍仁波切

英文版編者序

本書作者扎·格龍仁波切是一位藏傳佛教的上師，但是《從心解脫》這本書的宗旨並不在於講述佛教的義理。這本書，是為了我們任何一位想在當今這個節奏匆促、數位驅動的世界中，尋求寧靜、和諧，特別是想要找回明性的人而寫。

仁波切本身是一位時代的充分參與者，而且，根據他切身的經驗，他發現佛教的一些理念和修行方法可以有效解決現代生活中許多擾人的問題。這些古老的佛教修行法門，最初設計是為了幫助人們實現真正幸福和圓滿的人生。這些方法在現代社會同樣適用，能有效解決我們在數位化世界與個人生活交界處所產生的困惑。

書中的教言源自我和仁波切的會談紀錄以及仁波切專為本書錄製的聲音檔。這些內容經轉錄之後，成為手稿的基礎。雖然過程中我偶爾也提出一些建議，但我的角色僅限於將這些教言整理成書。每一章節都經過仁波切親自審閱，仁波切緊密參與了整個寫作和編輯過程。希望我在編纂作者原著時沒有引入任何曲解，若有任何謬誤發生，全部責任由我承擔。

關於本書的語言調性，我採用以下方針：由於仁波切通常以英語授課，並已發展出他自己的英語表達風格，我認為最好盡可能保留他本人的用語。我曾多次聆聽仁波切藏語開示的英語翻譯，確認他是一位睿智且具有深刻洞察力的思想家。因此，我認為貫穿本書的英文書寫風格應與他的精湛高雅相匹配。

——布萊恩·侯德爾

譯者序

本書《從心解脫》（原名 *The Free Mind*）是格龍仁波切繼《歇心靜坐》之後的最新著作。在《歇心靜坐》中，作者介紹了七種靜坐方法，從調整坐姿和呼吸開始，一直到離概念的「大圓滿」禪修，最終達到心的證悟本性。書名中的「心」，仁波切稱之為 **mind** 或 **heart-mind**，並解釋它並非生理解剖學上的心臟或頭腦，它是覺受體性，必須經由體驗與直觀而悟得。《從心解脫》則開宗明義表明其宗旨不在闡述佛教義理，而是希望藉助佛教徒幾千年來的修行方法，幫助讀者在紛擾的現代數位化生活中，找回內心本具的寧靜、和諧與澄明。

書中第一和第二部分，探討數位時代的我們習以為常的散亂，以及制約化的慣性模式。作者將我們的心比喻為不斷分心的猴子，建議我們放慢腳步、反思，找回我們本具的耐性與開闊。他並介紹如何在座上修「四念處」和「六波羅蜜」，以及如何將之帶進日常生活。他並建議晨起時以唸誦思惟〈四無量心祈願文〉展開新的一天，可以幫助我們調整成正向心態，那會產生神奇的效果。

第三和第四部分，藉著觀察苦與樂、好與壞……等二元對立，探討萬法的本質及其「相互依存性」，並針對希望與恐懼禪修。以概念式的禪修建立「人無我」與「法無我」的知見，生起智慧，回頭檢視「業」為何形成；然後，次第修習善心、慈心、悲心、世俗菩提心與勝義菩提心，讓心靈擺脫所有的限制，超越制約反應與期望，圓滿證得覺醒狀態。最後，透過大圓滿禪修歇息在心性中。「心性」是一種無念狀態，它非常深奧，並非語言所能詮釋。

《從心解脫》的書名具有雙重意義。作者從修「心」的角度談生活中各種處境的因應之道，故以「心」為名。至於「從」字，一個解釋是「依從」，此外還有「途徑」的意思，相當於「因、由」。當心達到無二證悟時，這個天然、放鬆、洞開的心即是「與生俱來的覺醒本性」。因此，《從心解脫》書名的意涵包括：「依從」著「心」去修持，最終會喚醒覺醒本性，得到解脫；也意味著解脫不靠外境，而是「由心」解脫。

作者建議我們以開闊的胸襟閱讀本書，目標放在探索生命中深層問題的答案，而不一定要成為佛教徒。那麼，對於還不想學佛的讀者來說，閱讀本書有何幫助呢？以下分享一個我自己遇到的小插曲，博君一笑吧！

我和老伴退休後定居在舊金山灣區大女兒家中，三代同堂，美滿幸福，但生活總是繞著兒孫的作息轉。這天傍晚，女兒、女婿、孫女都出門，留給兩老大半天的獨處時光。我心中閃出期望：「要不我倆去餐館吃飯，『約會』一下？」但我隨即打消此意。我並不喜歡晚上出門，「就在家裡吃，也算約會吧！」這時老伴說：「難得不受時間限制，我今天要運動久一點。」就出門去了。我有點小失望，但不嚴重，所以忍住了，忍到晚飯後，忍到臨睡前，我才淡淡說出先前的這個想法，暗自期望，「至少他也表達一點惋惜吧！」不料他竟不假思索地回答：「有三家餐館我一直想去吃呢！」重點竟放在了「餐館」！期望變成失望，失望變成傷心，而他還一副無辜的樣子！傷心又變成憤怒……有趣嗎？熟悉嗎？幸好我手邊有「法寶」，正好譯到第六章「受苦之因」的這一段：

大部分的情況，我們遭遇的處境和遇到的人根本不符合自己的期望……要能完全免除任何期望可能很難，甚至不可能，但是我們必須做好準備，當發現這些期望不適用於某特定對象或情況時，要立即放下……痛苦生起的原因來自期待一切事物都符合你的期望，當事實不然時，就會感到失望與沮喪。

我不禁莞爾！學佛多年，「緣起性空」琅琅上口，卻幾乎被一個小失望打倒！親愛的讀者，當你在生活中遇到困難或失望時，即使沒有打算成為佛教徒或還沒開始上座禪修，或許可以拿起本書讀幾段，讓作者睿智的法語幫助你解開困惑，度過難關。翻譯本書的過程中，我確實發現自己發生了「神奇的變化」。去年之前，我常會沒來由地悲傷；如今，心中時常自然生起喜悅，不需要任何的理由。

本書出版時，正值全球動盪不安的時刻，天災、人禍、政治紛紛擾擾，許多人正遭受著無比的痛苦。我們發現，整個世界，無論是自己還是他人，不論有情世間或是器世間，確實連結在一起，再次印證了萬法的相互依存性。本書在此刻出版，深具意義。

前言

喜悅，比快樂大得多。人們時常覺得要靠外在環境才會得到快樂，喜悅卻不必。

——德斯蒙德·圖圖一世大主教（Archbishop Desmond Tutu）

我來自有「世界屋脊」之稱的西藏，成長於海拔一萬五千英呎的綠色高原山谷中。我們從一個草原游牧到另一個草原，住在一個犛牛毛編織的大帳篷裡，那時我幫忙照料家中的牲口——主要是犛牛和綿羊。當我們家人需要與其他牧民聯絡或者要進城時，都靠騎馬完成。如今，我與人溝通的方式和你一樣：我用智慧型手機、平板和筆記型電腦。一年當中，我仍有很多時間待在西藏，但我也在美國擁有一處住所；此外，我還前往世界各地講授佛法。在所有這些地點，包括西藏，我都需要使用電子設備。

正如你所猜測的，儘管我的成長背景特殊，但我完全融入了如今這個被數位科技綁在一起的現代世界。隨著時間的推移，我與數位世界的連結越來越緊密，越來越依賴它。我發現這種科技化的生活型態有兩個面向：一方面，網際網路和其他數位連結的廣大應用範圍與高速度，讓我輕而易舉就能比從前處理更多的事情。然而，許多人已經察覺，這個科技也會帶來許多困擾和干擾，從而大幅削弱了其優勢。

因此，將數位世界融入我生活的同時，我採用自幼學習的那套佛教修行方法，迎向生活中出現的挑戰。這樣做，我得以保持一個平靜有序的生活型態，對於我心境的平和和生產力都有幫助。雖然我並不在公司任職，不需要向某位老闆或經理負責，但我的生活很活躍；我參與許多專案計畫，必須與許多個人或團體保持聯繫。所以，我了解你們當中許多人，都受困在以數位設備和人互動所感受到的巨大壓力和緊張，包括我的學生、朋友和熟人們。我們都知道，這種數位焦慮在現今的世界已變得越來越普遍。我認為其主要因素分為兩方面——外在的和內在的。

數位科技對我們心靈的影響，以外在方面來說，是數位設備本身的節奏。此處所指，並不僅限於你手上握的手機或桌上面對著你的筆記型電腦。這些設備經過脈衝電子網絡連結到數以百萬計的類似設備，更遑論衛星、大型主機和行動通訊基地台等等。我們經由各種方式，和這個繚亂的電網以及數十億使用者連結在一起，即使把手機和電腦關機，我們知道它仍在那裡呼叫著、振動著，給我們留下訊息與推播。既然操控著我們電子設備的許多程式屬於商業行為，這些應用程式（以下簡稱 apps）被設計成盡可能地吸引我們的注意力。我們使用的 apps 越多，隨著我們瀏覽、購物、聊天和下載，投入其中的機會就越大。如果我們使用這些設備經營事業，像許多人必須做的那樣，我們可能會感覺自己必須隨時待命。那會製造出壓力、焦慮和疲憊。

關於與數位科技的內在聯繫，則因人而異。我們的內在生命與個人心理狀態，源自我們的整體經驗。我們都在父母、親人、師長、教練、朋友等引導下，走過童年、青春期和成年期。我們都受到自己的文化背景、學校、雇主、信仰、政府、經濟、媒體和政策的影響。這一切塑造出我們的特徵與行為模式。而在今日的世界中，我們的內在生命和數位媒體世界充分交織在一起。社群媒體和智慧型手機上的 apps，將我們與朋友、約會、商務、交通、娛樂、外賣、研究——嗯，可以說一切的一切——都連接在一起。這是一條雙向道：我們向需要的或受到吸引的 apps 與程式靠近，然後數位媒體追蹤我們的習慣，獲取我們的數據，並依據這些數據向我們靠近。我們深陷這種「給與取」之中，以至於對許多人來說，只是短暫地停止與數位設備接觸，就會產生孤獨感，以及「錯失了什麼」的恐懼感。如果我們的成長過程包含某些制約化的慣性模式，以至於當遇到某特定對象或處境時，會使我們不安與痛苦，那麼，數位連結甚至可能會放大這種痛苦。

為了將和諧帶入生活的內在與外在面向，我們需要仔細檢視等式的兩端，看看能否做點正向的改變。這樣檢視時，我們很快便發現，思想與情緒的內在世界驅動我們對數位渴求的程度，並不亞於數位通訊本質上會驅使我們分心的程度。當我們探索可用來控制自己數位使用狀況之策略時，將會發現：把我們持續黏在螢幕、觸控板和按鍵上的，其實是我們自己的隱性內在渴求。

經由這樣的探索，我們可能也會發現，內在與外在對於數位世界的投入正在限縮著我們。所有人追求的，當然都是快樂，不是嗎？但是現代生活型態讓我們快樂嗎？仔細思考：目前的生活方式是否帶來了我們所希求的回報呢？如果是的話，這些回報——成就、收入水平、知名度、社交網絡和人際關係——是否讓我們深深感到快樂呢？

當我說「深深感到快樂」時，我指的是一種來自內心的喜悅、滿足和幸福感，而並不僅僅是因為外在條件滿足的結果。加薪和升職或許讓你歡喜雀躍、引吭高歌。那很好啊！但有時，不需要外在的原因，我們也會感到快樂，單單是活著就讓我們感覺良好。我們需要更多這種快樂！

這種純正、真實的快樂，就像花兒需要一座被精心照料的寬闊花園才能蓬勃綻放。若以數位環境的外在與內在面向來說，我們需要一些精神和情緒的空間，讓我們有呼吸與成長的餘裕，那樣智慧才得以發展，從而了解快樂真正的內在原因。只有這樣我們才能朝著那個方向前進，綻放出花朵。

本書所提供的修行方法和建議，有助於掃除影響我們在事業和人際關係中前進的障礙和干擾。我們需要空間來把事情做得更好，當面對生活中各種繁瑣事務時，這些方法能夠有效地導航。但如果僅僅只是停留在這個層次，只是為了「成功」，那就太可惜了。西藏佛教徒採用這些修行方法來達到真正的快樂與生命的圓滿，已經有幾千年歷史，因此我希望你們採行這些法門的時候，同樣也能秉持著這個更遠大的目標。

旅程規畫

這本書有點像是一段飛行旅程。第一部分，我們起程，首先沿著跑道滑行，然後升空，簡略探索人類與數位之間的介面，因為那是今日生活不可忽略的一環。我們如何規畫生活？我們的行為如何受到這些科技的制約？當然，每個人的情況不同，但在某些方面——例如智慧型手機的使用——則以相當類似的情況影響著大多數人。手機多大程度地把我們凝聚在一起，使生活變得更容易？它又如何把我們彼此分隔，並帶著干擾入侵？它在哪些方面增進了我們的自由與快樂，又在哪裡限縮了我們？

第二部分帶著我們深入雲霄。許多人每天經歷著過量的數位活動，就像被厚厚的雲層覆蓋著。我們接收到的電話、訊息和各種推播，以它們的速度和頻率捆綁住我們，模糊掉我們心的明性（clarity）。在第一部分，我們從現代生活中的個人與電子兩方面進行檢視，描繪出一個基本圖像。第二部分，我將介紹一些佛教的修行方法，幫助我們放鬆一些。對於大多數讀者來說，這包含一套全新的工具，這套工具運用在我自己的生活中，我發現效果極為良好。運用這些方法，我們可以得到更大的自由度，選擇如何經營我們的生活，然後朝向內心更平和的方向移動，減少不必要之干擾。我們對於自己的慣性模式將有一些具洞察力的發現，注意到它們對我們造成的影響，從而投入能帶給我們更大的和諧與自由度的修行。

在第三部分，我們上升到雲層之上，享受無雲的藍天。我們檢視快樂與痛苦的本質，並探討我們的虛擬真實之更深層意涵，那是將生命中一切事物連結在一起的相互依存性（interdependence）。這些見解將作為通往第四部分的橋梁，在那兒我們將翱翔入虛空。我將邀請你探索一些或許你早就好奇的更深層議題，包括智慧的本質、業的問題，以及慈心（loving-kindness）和悲心（compassion）的重要性等。

然後，在最後一章〈內在與外在的生態學〉中，我們名副其實地「回到地球」，把重點放在探討我們所住的星球及家園。當今環境中的困境如何與我們的內在世界連結？

我們又該如何運用這些知識來療癒地球呢？

我們的內在生命和數位通訊世界可以和諧地交融，但也可能會互相衝撞，帶來壓力、焦慮、紛擾與痛苦。本書旨在對這兩個世界建立一個清晰的認知，可以因此減少受苦，加深我們的快樂幸福。

第一部分　在散亂的魔咒下

第一章　數位時代，我們如何生活？

我相信大家都同意，每個人都希望在生活中擁有快樂，並且避開受苦。我不知道如今我們追求快樂是否較以往更為困難，但我確信，除了人類生活中一般遭遇到的問題之外，在我們剛開始了解、正學著配合的「生命之舞」之上，如今的數位通訊世界又增添了新的扭腰與旋轉等複雜舞步。而且，它還一直不斷在增加中。

要能充分領略目前的處境，我們需要一些視野。為了看清我們將去往何方，重要的是先了解我們是如何來到這裡的。我們已經如此習慣於匆匆忙忙、緊密連結的現代生活型態，以至於往往忽略了其前後背景。不久之前，美國、德國和中國等現代化國家仍然以農業為主。大多數的人住在鄉間。然後，新科技改變了農業，農民搬到了城市，生活步調加快，而且變得更複雜。好像前一天我們還是家庭農場中悠閒的農夫，隔一天，同一個家庭已在掙扎著適應城市生活。

數位科技的狀況也類似，三十年前，它的巨大影響力才剛開始形成，漸漸地一切都變得更快、更複雜。由於數位產業受到創新所驅動，其速度和複雜度總是不斷地增加。而僅僅因為硬體和軟體屬於「電子」的東西，並不表示人類真的能與數位科技區隔開來，好像我們只是使用著機器，就像作家敲打著鍵盤打字一樣。現今的科技設備和軟體是人類心智的創作物與展現，它們源於心的創造性和原創力。科技研究人員、商人和軍方將它們引進人類社會，而似乎已經成為我們身體與心靈的一個新的延伸。我們創造新的硬體和軟體，但隨著它們對人類生活中越來越多的面向造成影響，我們被迫去適應它們——玩它們的遊戲，跳它們的舞。

讓我以一個比較熟悉的例子來說明，舉一種大眾化的競技運動為例。可以是任何一種運動，在此我選擇足球，因為它很容易描述，即使你不是一名球員或是球迷也不難弄懂。雙方球隊各有十一名球員，球場的兩端各設有一個帶網的球門，比賽以一顆足球展開，誰把足球踢入或用頭頂入球門可得一分。雖然比賽還涉及許多複雜的招術和策略，但基本上就是這麼簡單。

現在假設球員進入球場，並被告知會同時使用兩顆足球。然後中場之後，第三顆足球又加進來。下一場比賽，在缺乏足夠預警的情況下，有更多的球、球員、球門加進來，場地的空間被壓縮了。球員們別無選擇，他們必須適應這些改變。這很貼切地描述了我們如今生活在數位世界中的狀況。在巨大的、持續變遷的反饋迴路中，我們和電子產品是夥伴關係：我們拉扯它們，它們拉扯我們。然而，我們的問題到底是什麼呢？

我認為描述我們的「數位生活困境」之最佳詞語是**干擾**（distraction）[1]。試著比較一支普通的有線電話——落伍的科技產品——和一支智慧型手機的差異。這支老式的「傻瓜電話」待在原地不動，它只有一個功能：打電話。當你不在家或是離開辦公室而錯過一通來電時，如果這通電話有重要性，對方會再撥過來或在答錄機上留言。我們與電話之間有一點區隔，這會有一種輕鬆感。我們無法把有線電話放入口袋或錢包，讓它跟著我們到處跑。當我們開車、搭公車、散步或與朋友家人在餐廳享用大餐時，我們不會被打斷。同樣地，直到大約一九九〇年之前，大多數人的家中並沒有個人電腦，筆記型電腦、平板、Apple Watch 都尚未問世。當然，某些現代化國家在那時生活節奏已經很快了，可以用「老鼠賽跑」[2]來形容。但是較之今日，當年的喘息空間還是多得多。

現在已經很難想像過往那種日子，那是許多年輕人從未經歷過的古老類比世界[3]。

1 譯者註：本書中反覆出現 distract 和 distraction 兩個字，其意涵包括干擾、紛擾、散亂、分心等。

2 譯者註：rat race，意思是永無休止的競爭。

3 譯者註：analog world，乃我們感官所見聞的世界。

如今，對許多人來說，不斷在手機上進行這樣或那樣的交流似乎順理成章。即使沒有實際通話，也不斷有簡訊、通知、廣告或動態消息等湧入。或者我們拍攝了照片或影片，上傳到 Facebook、TikTok、Instagram 或 Pinterest，並加上文字描述。我們在 Google 上搜尋問題的答案，或查詢銀行餘額和投資狀況。然後，如果我們環顧四周，會發現幾乎每個人都做著相同的事情——臉貼在螢幕上。若不是智慧型手機，就是某種其他數位設備。持續不斷流入的干擾把我們的時間都填滿了，但我們認為這很正常，因為每個人都在做這件事。為了跟上生活的腳步，我們不得不這樣做。

這些數位干擾如何影響我們的個人生活，特別是影響我們對快樂的追求呢？如果這些干擾威脅到追求快樂，我們是否至少應該開始將它們以和諧的方式融入日常生活？我們對它們因應得宜嗎？或者我們只是習慣了，別無選擇，只能將就著，盡量撐下去呢？如果真是那樣，我們在追求快樂之際，是否已把自己弄得步履闌珊？

數位快車道

為了尋找這些問題的答案，以便清晰地了解電子科技如何形塑了我們的世界和生活，及其形塑的程度有多大，且讓我們後退一步，仔細檢視一下這個數位世界以及我們參與其中的細節。

人們如今最常使用的電子設備是什麼？如何使用這些設備？人們參與數位世界有何感受？關於這些問題的探討，有很多現成的資訊。這是一個常見的話題，新聞媒體上經常談論，你可能對其中某些數據和觀點很熟悉。但是，除了一般的趨勢之外，人們的數位行為還有許多個別差異。為了進入探索的氛圍，描繪出有助於了解的圖像，請回答以下問題：

- 在你經常使用的電子設備中，哪一個用得最多？你認為這些設備有何差異？你基於什麼目的去使用它們？
- 你使用的每台設備如何與你的生活目標相關？它們如何滿足你的需求，例如工作、家庭、人際關係、友誼、業餘愛好、專案計畫和休閒活動？
- 你對自己花在數位通訊上的時間總量感到自在嗎——你想花更多時間與之連結，或是你寧願少花點時間？確切的原因是什麼？
- 你是否曾經感到被例行使用的電子設備、apps 和各種程式操控著？（例如某個 app 的設計是否讓你花費太多時間？廣告和推播是否過度打擾你，讓你很煩？有時你是否不想或根本沒時間看電子郵件、接電話或回應社群媒體，卻覺得不得不做？）

・相較於面對面溝通，你如何以數位通訊（電郵、簡訊、視訊通話等）進行人際互動？

把以上問題的答案寫下來加以整理，得出你數位參與情況的梗概。有沒有出現一個模式？日後，當我們感到自己的數位使用狀況出現問題，開始針對特定面向對治時，這張清單保證很管用。

準備寫這本書之前，我問了朋友、熟人以及我的一些學生，聽聽他們對於數位生活利弊的看法。我也檢視了自己使用電子設備的狀況。以下是這項研究所發現的一些趨勢，結果並不令人訝異——

＊數位設備的優點

・數位通訊具有快速、簡易和方便的特性，尤其是當你和遠方或旅行中的朋友、家人、業務窗口聯繫的時候。

- 數位設備可以提供的資訊與活動種類繁多，從研究素材到休閒娛樂，應有盡有。
- 線上購物革新了逛街購物的方式。各種有用的購物指南，例如定向廣告，會依據你搜尋的偏好直接發送到你的裝置上。（這不全然是優點。有人認為牽涉到隱私問題，並且或許太耗時間。）

＊數位設備的缺點

- 過度使用：在電子設備上花費了太多時間。
- 數位雜擾：大量的 apps 和程式造成鋪天蓋地的干擾。
- 時間壓力：回覆電話、簡訊或通知等社交和業務方面的壓力，產生全天候待命的感覺，休閒時間隨之削減。
- 使用社群媒體時帶來的情緒脆弱感。
- 容易受到「情緒操縱型銷售策略」的影響。
- 相較於面對面的聚會，數位人際通訊比較浮面，不夠細膩。電子郵件是另一個例子。書面溝通可能會產生誤解，相較之下，面對面接觸比較容易避免誤解。（這項缺點可能透過採用 Zoom 和 Skype 等科技進行視訊會議而減輕。）

一些書籍、新聞媒體和線上研究指出了數位科技的其他缺點。其中一個重要議題是關於「深度工作」與「淺薄工作」之間的對比。它們提出警告，我們的市場價值和生涯路徑受到干擾為主之活動的威脅，將導致我們競爭力下滑。靠人工產出的淺薄工作可能會被機器取代。另一個弊端是，硬體設備和軟體有計畫地汰舊換新，這是讓人們持續消費以保持不落伍的必要手段。還有一些迎合個人或政治偏見的網路即時新聞，近年來社會與政治立場的分裂現象，這些新聞難辭其咎。還有一個弊病是，技術故障會造成時間和金錢的損失，更遑論被駭客入侵了。這些情況發生時，數位科技的「速度和便利性」就暫時停擺了。

許許多多的電子設備和軟體程式既迷人又實用，遇到不同場合或不同的通訊需求時，各類產品應有盡有。科技本身的確不可思議！但是同時，我們許多人已經注意到使用科技產品的嚴重弊病，以及它們如何影響我們的生活。

或許你們也像我一樣，在數位通訊的優點和缺點間，存在著一些拉扯。它的優點（如上所述）往往誘使我走向其缺點，特別是浪費時間，以及被不想要的廣告入侵。我的設備好像變成孩子們整天欲罷不能的巧克力或冰淇淋的成人版，而我發現自己浪費了可以更有意義運用的寶貴時間。此外，在旅行時，我會使用一個 app 播放西藏法磬的聲音，以營造禪修的寧靜氛圍。但有時忽然跳出一則廣告，禪修的情境便被打斷了。

科技產品利與弊之間的拉扯，也反映在某些罕見或極端的使用方式中。有些人嚴格控管自己使用數位科技，要麼不需要它，要麼不喜歡它，他們得出結論：乾脆避免使用或約束自己不被科技牽著走。另一個極端情況是科技成癮者，他們把大量的時間和金錢耗費在網上賭博、瘋狂購物和對電子設備的強迫性依賴上面，這類族群包括那些被多種干擾弄得焦慮不堪者。過往的「精神崩潰」一詞已被今日的恐慌症所取代。

分心專賣公司

在瘋狂濫用數位科技和幾乎完全不用（於是連優點也錯失）之間，是否有一個和諧的中間地帶呢？我認為可能性很低，這有其特殊原因：數位產業旨在販賣分心。畢竟，讓我們分心能使科技公司獲利。這是他們的成功之鑰，是盈虧關鍵。他們知道——這是投資了很多金錢做研究所得到的結論——如果這些數位產品不持續干擾我們，捕獲我們的注意力，誘導我們向前進，我們不太可能保持登入狀態，我們會感到無聊而跑去做別的事。（我們甚至可能關掉電子設備，看書去！）正如一位科技通的朋友告訴我：「應用程式的設計是為了讓你一步步追求更多刺激。」因此，關鍵就是：在數位世界中，分心是一門好生意。於是，總有一些壓力把我們推向至少輕度成癮——例如過度使用、時間緊迫感，以及把我們導向社群媒體布下的情緒陷阱。

不過，一開始壓力並未隨著數位科技而來。當矽谷的執行長們（以及廣告界的先驅們）看出核心關鍵是：讓客戶對他家產品保持狂熱興趣（並分散客戶對其競爭對手的興趣），於是他們轉向心理學求助。如今他們的銷售策略早已遠遠超過從前的市場調查、消費者訪談、焦點團體等手法。現在甚至連醫療科技都用上了，例如運用功能性磁振造影技術（fMRI）分析消費者的大腦對特定廣告和 apps 的即時反應。他們發現了什麼呢？他們找到一些「熱按鈕」[4]——其中有許多相當隱晦，以至於連我們自己的雷達偵測都躲過了——他們利用這些知識來設計程式。例如：哪種欲望會促使我們頻頻查看電子郵件？為了找資料嗎？還是關心信件的內容？都不是！最初的驅策力來自於對社交認同以及被愛的渴望——「有人關心我。」類似的細微欲望，讓我們渴求收到臉書好友或 YouTube 粉絲送來的一個讚或心形表情符號。

4 譯者註：hot buttons 原意是導致人們產生強烈情緒的議題，引申為可以控制人們情緒反應的手法。

這並不是一件新鮮事。優秀的業務人員向來都做著相同的事情（通常仰賴直覺）來鼓吹潛力客戶。他們能夠閱讀人們的情緒需求和反應，然後迎合之。但是如今，密集又廣泛的數位銷售造成的嘈雜——全球八十億人口中的許多人已成為數位宇宙的一部分——已經把散亂和其所有副作用形塑成普遍的氛圍。

人們常說「世界越變越小」，那是因為我們如此緊密而頻繁地連結。我們可能正朝這個方向發展：被數位嘈雜、數位濫用、數位時間壓力推入不安的精神與情緒狀況，同時遠離了比較令人滿足的思想與感受。這種現象越來越常在電子成癮的兒童身上看到。依賴電子設備導致他們注意力窄化，焦點完全放在自己的需求和渴望上。他們的自戀傾向嚴重，以至於出現社交障礙，並且容易罹患憂鬱症。這種情況成年人也未能免疫。

請注意：數位世界的干擾有兩個來源。首先，以我們為目標的龐大**資訊**量從四面八方、經由多種媒體，進入我們手邊的各個裝置。這些建構出一個帶來散亂氣氛的平台。只要我們的設備保持開機，訊息就不斷湧入。其次是**內容**——「干擾」這個詞表示，它會擾動情緒。我們暴露在越來越多暴力新聞事件中（而且繪聲繪影，因為任何手拿智慧型手機的「在場」人士都可即時拍下暴行，上網發布或販售給商業新聞媒體）。

社群媒體如推特（現為X），讓喧嘩的權威人士和政客左右我們的思想和憤怒的情緒，個中高手準確知道如何吸引我們的注意力。社群媒體已經取代過往數十年的謠言工廠。那些報導著誇大、缺乏可信度且情節通常荒誕不經的舊式小報，已經被部落格、網站、立場偏頗的新聞頻道和社群媒體取代。

現在這些事實已是眾所周知。我提醒你們這些是因為，對每個人而言，這一切在個人層面上有其正面意義。應用程式的研發者和廣告商運用微妙的洞察力，深入探察我們最私密、隱蔽的動機；同樣地，這也是我們自我檢視的黃金時機。以這樣的洞察力作基礎，可以增進我們的自我認識，賦予我們走向真正幸福的力量，而不再是僅僅囤積更多的電子產品，以及更多從 momo、蝦皮等網購平台購買的產品作為炫耀。

制約反應 1.0

有時我們會察覺到因不耐煩、壓力生起的感官覺受，而需要情緒支援。這些是我們使用數位科技常見的不良後果。舉例來說，當我們正在進行的活動節奏很快時，對任何放慢腳步的嘗試都會產生不耐煩。我們已經習慣了高速度和高強度——想想看你打字、發簡訊的速度有多快；你從一個螢幕跳到另一個螢幕，或在不同 app 之間切換的速度有多快。我們已經被這樣的快節奏所制約。為了理解什麼是制約反應的真正感覺，現在來做一個實驗。

拿出你的手機或其他攜帶式電子裝置。把它放在你面前的桌上，關機，然後只是注視著它。仔細觀察它的整體外形以及各部位的物理特徵——鍵盤、螢幕、輸入和輸出連接孔、插槽和按鍵等。移動它，翻轉它，從不同角度觀察它。舉起它感受其重量。閉上眼睛，用手慢慢撫摸它。感覺它暖暖的還是涼涼的？把鼻子湊近聞一聞。

這樣做感覺如何？是否覺得可笑或是愚蠢？你有沒有感到不耐煩？它有沒有「呼喚」你把它開機使用？你採取行動了嗎？

大多數時候，我們並不認為電子設備是用來觀看或拿在手中把玩的。準確地說，它是探索或搜尋用的工具。對我們來說，它是通往虛擬實境之門，它甚至可能是我們自身的一個支分。

現在，**非常緩慢且小心地打開這個設備**。如果它發出警告訊號，請冷靜，別理它。選擇一個簡單的任務：用你自己的甜蜜時光，看一封電子郵件或簡訊，或查一下來電。非常緩慢且仔細地打字或發簡訊。如果你察覺到自己開始衝刺，請克制衝動。現在，再次用手撫摸這個設備，感受它的重量，從不同角度觀察它，然後關機。

這樣感覺如何？它使你焦慮嗎？你是否覺得忍不住想用平常的速度使用它？你有沒

有察覺自己有任何生理反應，例如拱起雙肩、頸部或顏面緊繃，或者腳在點地等等？還是覺得保持現狀很 OK？

現在再試一次，看看你是否能純粹放鬆並且覺知有此設備的存在，但不去思考過去或未來，例如不久前你用它做了什麼事？接下來你要用它做什麼？請和此設備以及你自己一起臨在（be present）當下。看看感受如何。

做此實驗時，你可能感到不自在甚至毫無感覺。如果是這樣，那是因為你與長年使用數位科技養成的習慣反向而行（如果你相當年輕，可能在學步階段你就開始養成習慣了）。隨著數位設備和軟體的功能變得越來越強，它們的速度加快，我們使用它們的速度也越來越快。感覺上，放慢速度就像是逆著激流游泳。

我們會那樣感覺，是因為我們已經被電子設備制約了。當某個動作一遍又一遍地被重複，直到變成全自動時，制約反應就發生了。一般來說，我們已經被家庭、學校、職場和專業生涯[5]在許多方面制約了。制約反應可能包括身體緊繃，那是伴隨著我們付出精力與行動而來的。以手邊當時的任務來說，緊繃可能並不是必要的。

5 靠著創造新事物的藝術家和發明家們力求避免陷入慣性模式。他們的成功需要能夠在無干擾狀況下蓬勃發展的「深度工作」。

當然，如果每次需要用到 ABC 或加法、減法時，我們都得從頭複習，那就根本沒有學到這些有用的工具。它們必須能夠信手捻來。這樣很好，而且這是必要的。然而，若我們習慣負面情緒，例如憤怒、仇恨、貪婪、懶惰、嫉妒和傲慢，那麼這些情緒最終會導致不快樂，無論是對我們自身還是對他人。它們將嚴重傷害內在和外在的氛圍，不是嗎？

相信我們都具有內在快樂的天然源泉，我們可以學著接觸它，讓它瀰漫在生活中。我認為通往內在快樂的最大障礙是散亂，而散亂和制約反應緊密相連。從第二章開始，我們將探討，如何因應現代由數位驅動的生活模式所帶來的散亂。然後，既然我相信這些散亂植基於人類更深層的制約反應，我們將研究如何鬆開它，讓自己從這種深層制約造成的散亂中鬆脫出來。

第二章　關於猴子的寓言

我們經常在數位設備上接收到的各種通知，其設計就是為了干擾我們。它們旨在擄獲我們的注意力。發送這些通知的行動 app、電腦程式或網站，認為關注這些通知對你很重要。可能是你的銀行要求確認你轉帳的某筆款項，可能是 YouTube 告訴你有人剛剛訂閱了你的頻道，或者你的智慧型手機是否正在向你發送廣告或呼叫呢？我們每天都可能收到很多這樣的訊息。

在某些練習禪修的靈性傳統中（例如我本身的傳統），避免分心非常重要。如果禪修者無法專注，甚至就無法開始練習靜坐。在這些傳統中，有很多故事和隱喻談論到這一點。其中有一個最著名的猴子寓言。

猴子——代表我們的心以及念頭慣常的滋長方式——在樹木和藤蔓中盪來盪去，看到什麼就被什麼吸引。如果目光捕捉到一根香蕉，無論當時正在做什麼，牠會立刻丟下手邊的事情，俯衝下去抓住這個水果。香蕉吃到一半，或許聽到鳥叫或另外一隻猴子的叫聲，為了滿足好奇心，猴子又立刻丟下香蕉跑過去。就這樣，猴子日復一日地被一件又一件的事情分心。以今天來說，我們可能會說「這隻猴子」神經過敏，或有「注意力不足過動症」（ADHD），或是沉迷於智慧型手機。

這種經驗很熟悉，不是嗎？我們知道自己的心經常這樣運作。當我們第一次被強迫持續專注於某項任務時，可能已經發現這一點。這可能發生在學習閱讀或背誦九九乘法表的階段。我們知道（老師也警告了我們）如果不專心學習，將沒有辦法學好東西。在那時以及類似情況下，「專心」意味著我們必須避免內在和外在的干擾——暫時將它們擱在一旁。我們必須停止思考「我肚子餓了」或是「午餐盒裡有我最愛的甜點」；我們必須放下對於沒有入選排球校隊的怨恨；或者我們必須停止白日夢——望著窗外幻想自己正在玩耍或回家的路上。要做到這一點，我們必須抑制我們的「猴子心」，並且找回或創造另一個比較專注的心。

某個禪修傳統這樣說：「我們必須用正念（mindfulness）的繩索拴住猴子。」正念意指專注的注意力，在這裡指專注於「心」的本身。心一遍又一遍地問這個簡單的問題：「我在想什麼？」

如果我們的習慣實際上就是我們的制約反應——我們根深柢固的行為模式——那麼

我們的心有多習慣於專注呢？我們是不是常像寓言中的猴子一樣思考和行動？別誤會，不是說我們必須像機器人一樣永遠專注，那樣可能會讓我們發瘋。但我相信，許多人如果被問到這個問題，都會表示自己可以比平常更專注一些。無論工作或娛樂——特別是關於遊戲和運動方面——我們越專注，我們的表現就越讓自己滿意。專注可以說是通往快樂的鑰匙之一，也是通往活出一個圓滿的生活方式之鑰。

當然，即使在數位時代之前，不專心、容易分心已經是一個大問題。如果拿著矛或劍的騎士在敵人逼近時分了心，他就完蛋了！同樣地，如果參加大學入學考試，但是沒有好好專心準備，那麼我們受教育的心願將會泡湯。在人類生命中的許多面向，「專注」一直是個關鍵因素。但如今我們在基本問題之外，又添加了數位干擾，有太多容易上手的活動等在那裡，這些干擾會刺激猴子心，情況前所未見。

基本上，修習正念是一種有效減少干擾的方法，特別是針對數位消費所帶來的影響。本章稍後將探討正念禪修。但首先我們需要了解自身的思想、情緒、觀念等，如何受到常久樹立的人為影響以及數位科技所左右。

習慣的力量

分心和制約通常攜手並進。最根植的習慣會觸發我們的反應與行動。不論觸發點（trigger）本身或它所觸發的反應，基本上都會使人分心。某些干擾本身很直截了當，例如一則簡單的通知或軟體更新的彈出視窗。這與被窗外的狗吠聲干擾沒有太大差別，我們可能會也可能不會失去專注。但前面提到的那些攪亂我們、以至於讓我們走進危險地帶的情緒干擾則如何呢？像是憤怒、仇恨、欲望、渴求、昏昧、懶散、嫉妒、傲慢等情緒，通常會在相應的觸發點出現時迅速從內心湧現。這些情緒可能令人沮喪，其驚人程度有時大到難以想像。

當你看到一位朋友正手牽著手和你愛戀或思慕的對象散步時，從經驗中我們都知道，嫉妒在這時是多麼容易被觸發。對於某些已被「種族零容忍」制約的人來說，瞥一眼當今種族多元世界裡常見的「外國人」或「陌生人」（在此避免採用更惡劣的罵名）便會觸發其恨意。此外，我們可能因制約而昏沉或懶散。當一大堆工作擺在面前時，我們可能會說：「我明天再做。」如果養成這種習慣，將會發現，自己無論是學習或工作，甚至幫朋友一個忙的承諾，都總是拖延落後。

我們也可能養成驕傲的習慣。我們把事情做得很好，得到很多讚美，自認為比別人優越，於是把別人當作次等公民對待。最起碼，這並不是個建立或維繫友誼與和諧關係的好方法。這類慣性模式不斷重演，直到我們完全被制約，對於個人的快樂和全世界的福祉來說，這都是嚴重的事情。

想想看，二十世紀初，如果許多德國人和歐洲人沒有成為反猶太主義、如果十字軍東征時期的基督徒和穆斯林能夠彌合他們的分歧、如果沒有對黑人和原住民等有色人種的種族歧視（甚至到今天仍普遍存在美國），歷史將會多麼不同！翻開世界地圖看一下，你會發現，很難找到一個地方不曾因為慣性的負面行為模式而釀成可怕的悲劇。

但除了這些比較大的社會悲劇之外，也有一些比較隱晦者，其觸發點隱藏在我們雷達下面運作，不容易被察覺。例如，如果從孩童時期就被迫一定得出類拔萃，我們可能會變成完美主義者。有時，完美主義造成的細微焦慮會觸發誇張的反應，例如當我們感覺自己不夠完美時就會抑鬱，或是強迫性地凡事都必須吹毛求疵。同樣地，「被遺棄」等童年創傷，可能會引發對社交連結的強迫性需求——這些脆弱點可能在表層下潛泳。而許多社會和文化偏見，也可能從這扇習慣之門溜進來。

我們的世界飽受此類干擾的折磨，或大或小——或為制約反應的觸發點，或為這類反應的結果。你可以稱這些為「干擾鏈」。許多人涉入種族、階級和經濟歧視或暴力行為，很多人則是這類行為施害的目標。這是一片濃密的烏雲，類似於森林大火產生的黑色煙霧，使地球人類生活的大氣層變得昏暗。從比較個人的層面來看，許多人受了習慣性思維和情緒的困擾，威脅到內在的平靜與平和，使我們無法專注。這一切的干擾，可明確歸因於數位科技的是什麼呢？

⊙習慣的養成——有個 App 專司其責！

我們簡要討論了社群媒體、部落格、立場偏頗的新聞媒體和其他數位訊源等，如何放大社會的不安與政治的動盪。這些資訊源的運作方式類似於前數位時代的八卦，它們靠著口號、陰謀論及假新聞等內容，很容易引起注意力。拜數位技術之賜，即時新聞的快速傳播也助長這種混亂的氣氛。然而，許多程式和 apps 的設計，將一種更微細的干擾注入我們的生活，其本意並不在於擾動我們，導致我們產生焦慮和緊張。

數位公司的營業收入，大部分來自廣告銷售，或把我們的個資賣給廣告商；為了在市場上成功，他們必須引誘我們上他們的 apps 和網站，並逗留得越久越好。廣告業務這個區塊利潤很高，因此競爭很激烈，各公司都不遺餘力地想方設法把我們的注意力轉移到他們的apps和網站上。依據針對消費者動機的大規模行為研究的結果，apps設計者找出一些巧妙的手法來吸引我們，並讓我們持續回訪。基本上，他們學會讀我們的心，勝過我們自己。

如我先前所說，這些存在我們潛意識中的隱微動機，其實可以反過來運用，以增進自我認識，幫助我們更有效因應生活的挑戰。如果我們透過修心練習，發展出足夠的專注力，那麼當自己迷上負面習性或數位誘惑時，便能夠察覺，就可以擺脫它們，做出明智的選擇。我們將變得更獨立。

在我們有意識的思想和情緒下面，有一股隱藏的、如暗流般的心理流動。這股暗流有時會被察覺，但若要清楚了解它，我們需要把心靜下來些，並修習正念。

現代的廣告業者，特別是數位軟體設計師，已經利用行為心理學，仔細探究了這股思想和情緒的暗流。如前所述，為了達到這個目的，除了焦點小組、調查、訪談等傳統方法之外，連現代神經化學和腦部掃描技術的分析方法都用上了。他們一直在尋找什麼呢？他們想了解人們登入apps和網站，逗留不去、頻頻回訪、習慣性造訪特定的app——其背後的動機是什麼。他們發現了什麼呢？他們發現，以最初來說，我們的許多動機與我們表達出來的看法或意圖並不相符——我們通常並未察覺自己點擊某個特定

app 或被某特定產品吸引的理由到底是什麼[6]。

想一想剛出爐麵包的芳香。某天早上你沿街走過一家麵包店，你甚至沒有意識到它對你的影響，那誘人的香氣就已經把你拉進店裡。當你走出店門時，極有可能手上拿著一袋烘焙食品。你今天並沒有打算買麵包，但你還是買了。這就是為什麼麵包店、咖啡館和餐廳門前通常有一盞風扇，把食物的香氣向路人放送。這對生意有幫助。

另一個例子是可口可樂的成功故事。該品牌剛推出的時候，它得和許多其他可樂飲料競爭。它是如何讓自己跳脫出來的呢？可口可樂最早、最著名的廣告策略之一，就是將瓶子設計成年輕女性迷人身軀的形狀。如今，大部分可口可樂廣告呈現的是人們歡樂相聚的景象。再次證明，它所傳達的訊息並不如你所猜測，例如可口可樂「風味絕佳」或它會提神醒腦。它傳達的核心訊息是「社交連結」。這個訴求有效，因為人類普遍存在著一種隱微的孤獨感和社交需求。我們被食物香味吸引，我們需求友伴，以及許多其他慣性和自發的動機，是隱微的思想與情緒暗流的一部分，這些都被 app 設計師瞄準，並連結至他們的數位產品。

6 在現代廣告史的早期階段就有這項發現，只是當時它的應用不像如今這麼巧妙。

這些廣告學中關於消費者行為與動機的發現，曾被稱為「隱藏的說服者」[7]，它們的應用則稱為「隱性廣告」。如今數位軟體設計師們運用的情緒暗流，包括孤單、無聊、焦慮、壓力、憂鬱、猶豫不決、困惑、沮喪、恐懼——甚至包含「錯失恐懼」（Fear of missing out，簡稱 FOMO）[8]——以及渴求勝任感、希望情況在掌握中、渴望得到紓解等。軟體設計師們發現我們經歷這些短暫的、幾乎察覺不到的不安片刻——一種「微疼」的感受。由於它們通常極為隱微，我們可能只感覺到一點模糊的不滿足感——app 設計師稱之為一個「癢」。

再次重申，這些情緒並沒有強烈到足以促使你去參加一場街頭抗議、簽署一份請願書，或寫封信向編輯抗議。但它們會觸發你去輕輕點擊某個 app，紓緩一下這種不舒服、搔一下癢。因此，app 的設計者們把焦點特別放在你點擊前的片刻——觸發你採取行動的那一個衝動。

如果你感到一陣子無聊，某種刺激不是一種自然的紓解嗎？這可以是一個電動遊戲、一則新聞動態，或者甚至查一下電子郵件。如果你感到孤獨或人際關係有點受挫，

7《隱藏的說服者》是二十世紀中率先發表現代廣告學研究策略的記者凡斯・派克（Vance Packard）所著的暢銷書名。

8 這是 app 開發領域的學者所創造的術語。

臉書通常是尋求社交連結和社交支持的首選。感到焦慮和壓力太大？你可能會求助於一個靜坐 app，例如「冥想正念指南」（Headspace）或 YouTube 或 Spotify 上的舒壓音樂。無論當時戳刺著你的是什麼不舒服的念頭或情緒，apps、各種程式和網站旨在以一種似乎比較愉快的干擾方式，提供你紓解之道。你的注意力被導向遠離當時困擾你的事物。當然，這並沒有從核心解決問題。如果有，人們就不需要一次又一次回頭，而那個 app 事業就得倒閉了。

因此交易是這樣的：為了換取幾分鐘或幾小時愉快的分心，那位 app 的訪客被展示了廣告，且其資料被記錄下來。訪客感到紓解，或許滿足感也隨之而來。而該 app 每天登入的人次很多，且有許多固定用戶，它的成功吸引了廣告商（他們將瞄準這些 app 訪客推銷其產品）。

除了最初誘引我們嘗試某個 app 之外，他們還利用一些巧妙的策略讓我們不斷回訪，而且逗留時間越來越長。我們並不在此深入探究這些策略，但這裡有一個關於「變動獎賞」（variable reward）原則的好例子。針對軟體設計之研究顯示，如果某程式提供的獎賞隨時間而變，我們就更可能黏在它上面，因為我們不太確定接下來會發生什麼。

我們被新奇性吸引，如果某項活動缺乏足夠的新奇感，變得可預測性太高時，我們就會因無聊而走開。這個現象最明顯的例子就是玩吃角子老虎。老虎機設計成隨機賠付的模式，這會維持玩家的興致。（當然，賠付的金額一定遠低於投入的硬幣金額，這是經過計算的。）電玩的設計也依據相同的原理。甚至連頻頻查看電子郵件的動機也與這種普遍的心理習慣相關。（「我最好再查一下。說不定會有驚喜！」）

有關多巴胺（與愉悅感相關的神經傳導物質）在大腦中流動的研究顯示，真正讓我們興奮的並不是從 apps 和電玩得到的實質獎賞——大量的硬幣、按讚或心形表情符號，而是從渴求獎勵的壓力中釋放。渴求的本身才是痛苦的[9]。

再談我們的猴子心

讓我們再回到猴子的話題。猴子出於衝動被一件件事情分心。猴子喜歡吃香蕉，所以當它看到一根香蕉時，會不假思索地衝動跑過去。猴子渴求香蕉的味道，那是對它的獎賞。當真正吃到香蕉時，那種渴求的焦慮——微痛——得到了紓解，猴子才感到滿足。

9 史丹佛大學成癮醫學部主任安娜・萊姆克（Anna Lembke）表示，參與社群媒體會釋放多巴胺，其點亮大腦獎賞通路的部位與毒品和酒精一樣。而我們可以全天候取得這種「特殊藥物」。請參閱 Luis Velarde 撰稿〈成癮性的無止盡滑動頁面如何傷害你的心理健康〉，《華盛頓郵報》，2023 年 7 月 14 日。www.washingtonpost .com/science/2023/07/14/social-media-mental-crisis-youths/.

但是很快地，另一種渴求又讓猴子分心，同樣的模式又再重演。只要猴子沒察覺這種反覆發生的分心，沒有探究其原因，它就會繼續被此模式掌控。這是習慣的危險性之一。當然，習慣也有優點。如果我們沒有健康的習慣，就無法存活或是成長茁壯。

我們每天有許多刻意安排的數位常規。為了滿足每天的需求，我們刻意養成這些習慣：查看電子郵件、早餐時看即時新聞、上班途中回覆簡訊和語音訊息、坐在桌前用筆電或桌上型電腦工作。這與昔日的類比世界相似，那時我們會檢查郵件、閱讀晨報、打幾通電話，甚至發送和接收幾封電報，或是在工作時使用一台打字機。現在我們的日常作息被數位科技提升了。但是當我們閒暇時，真正的「猴子事業」開始上演。不管有幾分鐘或幾小時的空檔，app 設計的說服力就在此刻清晰起來。你所渴求的「香蕉」可能是讓你從隱微的煩悶、孤單、焦慮，或任何造成你制約反應的脆弱情緒中抽離的一種緩解。你投向你的電子設備，看到那個提供你最棒、最快速紓解的 app 標誌，於是你衝動地點擊它。你去 Facebook 快速查看朋友在做什麼（以及如何談論著你），兩小時過去了，那個 app 的花招仍然吸引你的興趣。「天啊，時間跑到哪裡去了？」

所有這些隱微的渴求、輕微不適感、焦躁不安的念頭和情感暗流，是從何而來的呢？它們來自我們的個人經歷——我們從兒時長大成人的過程、學校教育、非正規教育（從朋友和鄰居那裡得來）、人際關係、職場生涯。這種制約是我們的文化。無論你在西方或其他地方出生長大，如今主導著世界大部分地區的是西方文化。（數位科技扮演著大部分的主導性。）

各種有關強化數位商務和探索消費者心理（特別是關於消費者動機）的研究，大抵將焦點放在現代西方人身上。如今所謂「現代西方人」的範圍很廣，並不僅限於生活在美國、澳洲和歐洲等地區的人[10]。我們在童年時期（和青春期）養成最強的心理和情緒習慣，這是毫無疑問的；而在西方社會，由於對個人表現和事業成功的強烈追求，年少時期就情緒脆弱的人相當常見。這些脆弱性提供了研究消費者行為與動機的領域，成果豐碩。

例如，如今雙親全職工作的情況並不少見。因此，許多這種處境的孩子可能感到某種程度的孤單和被拋棄感。這會帶來社交連結和社會認同的問題（「我被愛著嗎？」、「我有價值嗎？」）。這樣的孩子也可能會發展出 FOMO，據說那是他們經營 Instagram、Snapchat、SHAREit 和各種社群媒體平台的背後動機之一——把個人的日常活動

10　當然地域的差異必須考慮在內。穆斯林國家的廣告公司不太可能展示穿著暴露的年輕女性宣傳他們的產品。

以照片、說明文字、訊息和短影音記錄下來，是他們打開這個 app 的目的。他們所要表達的是：「這是我的生活，我正在做這些有意義的事情。你覺得如何呢？」臉書是另一個傳達此類訊息的熱門管道。

基於害怕錯過快速流逝的生活事件，並想記錄其重要性，Instagram 的粉絲每天經常花上好幾個小時經營它。這樣的參與情況提供了 Instagram 統計數據，用來勸誘潛在廣告商，向他們展示許多人把大量的時間花在這個 app 上，足證在這裡下廣告很值得。FOMO 也會刺激使用者過度使用電子郵件、臉書、YouTube 或 X 等，使用者懷著能夠收到按讚符號、心形表情符號與其他形式的社會認同的期望，被引導到那裡。

被迫出類拔萃

各式各樣的情緒脆弱，在西方世界以及許多深受西方文化影響的地區都很常見。這並不表示，西方文化下的人們基本上都受過創傷並患有恐慌症。然而，成長於今日的西方社會，總會牽涉一些共同的期望與活動，那些都需要強力的奮鬥、複雜的思維與情緒的耐力。西方社會的生活圍繞著展現個體獨立性[11]打轉。一個例子是，事業成功非常重要——在高度競爭的世界中，物質和精神兩方面雙雙成功很重要。當你與某人初次見面時，你聽到的第一個問題就是：「請問你從事哪個行業？」這是一個沉重的問題，它可能也在探詢：「（相較於大部分其他人）你所從事的工作重要嗎？」、「你成功嗎？」而且甚至在問：「你是白手起家嗎？」由於這非常重要，因此父母身上也有壓力（他們也面臨著這些問題），必須確保他們的孩子是成功的。

這可能會造成壓力和創傷，尤其是當年輕人對自己的願望有想法，但卻不同於父母對他的建議和期望時。這類的衝突很常見，尤其在今日。一個典型的例子是：父母希望孩子在職業甲取得成功和幸福，但孩子想要追求的卻是職業乙。如果情況演變成孩子無法解決的內在衝突，那麼困惑和徬徨將是自然的結果。有許多 apps 和電玩就是針對「暫時緩解困惑和徬徨所帶來的痛苦」而設計的。

西方社會個體的理想狀態是走向卓越、獨特、不同凡俗、精益求精，當這種驅策力走到極致時，可能會成為一種障礙。他將不斷逼迫自己要變得更好、做得更多。其結果

11 相較之下，亞洲傳統文化強調個人在社會中的既定地位，典型的例子有印度的種姓制度，以及日本、古代中國與其他地方的階層化社會。

可能導致完美主義，我們先前已稍微提及。這時，心強迫性地監控個人的進展，可能造成神經質的思維。這種競爭性的個人主義也可能引發極度的傲慢。

我在本章中描述的狀況並非理論性的。任何人如果能夠暫停、後退一步，用一盞專注的明燈照亮自心、照亮同儕之間的活動以及今日世界的社會互動模式，將很容易證明以上所說屬實。所謂人類的世界，畢竟不超出人類心靈的互動。但這種暫停下來觀察與反思的情況，卻很少發生，因為我們就像寓言中的猴子一樣，太散亂了。我們被自己的習慣急流帶著走，卻疑惑為何我們缺乏快樂與內心的平和。因此，如果我們認真想要發展那些特質，必須用正念的繩索訓練我們這隻猴子。

順便一提，西藏醫學提供一種隱喻以及可用於人類神經系統的療癒方法，那是能夠照亮制約和壓力疾病的額外明燈。這個方法稱為lung（發音類似四聲的「龍」字），它詳細解釋了心、身和神經系統如何交互作用，形成慣性模式，限制住我們選擇的自由。有關以藏醫觀點對此療程的簡述，請參閱附錄一。

⊙採取一點行動吧——簡介正念

修習正念可以帶來平和——至少暫時的平和——這點毫無疑問。但在佛教等精神傳統中，正念有更大的目的，這個目的與我們希望與數位世界和諧共處的願望一致。正念賦能我們達到明性，達到一顆遠離散亂渦雲之心。明性是創造空間和敞開的基礎，那會帶往真純的快樂，這種成就比現代生活中起起落落的快樂更為深刻。明性是一個舞台，讓我們實踐有意義的人生。隨著我們修習正念而得到一些明性，我們將有能力檢視自己的數位媒體參與狀況，準確看出，哪些數位活動對我們追尋的和諧有幫助，哪些有害。正念將開啟一扇通往自我認識之門，那是我們展開這項努力所需要的。

前面談到的念頭和情緒暗流，將我們的制約反應帶到此時此地。某件事物觸發了我們某個慣性模式，於是我們採取行動，而且通常是全自動地。再次重申，許多制約反應是必要而且正向的，但其他方面卻使我們成為散亂的奴隸，損傷了心的平和，阻礙了專注的、意識導向的行動。顯然這些慣性模式威力強大。但如果你了解其本質並開始處理它們，你發現它們由最脆弱、最容易流逝的素材——念頭與情緒——組成。只因它們一再被重複，才得到這樣的威力。憤怒、嫉妒、貪愛或任何念頭，仍然不過就是個念頭罷了。正如一位智者曾說：「既然瞋恨、貪愛等敵人無手無腳，既不勇敢又無智謀，我怎麼被它們當作奴隸使喚呢？」[12]

制約反應的自發性可以透過耐心、臨在和正念來軟化。隨著逐漸解構這些模式，我們將有能力透過意識與思擇來引導生活。我們將變得更專注、更平衡，並開始創造深遠的、真正可靠的快樂之因。

修習正念提供我們一個初步的入口，讓光照進我們的內心生活與歷程。最終，它將賦予我們能力，當遇到內在和外在的刺激時，在做出自發性反應之前，先停下來反思。

本書前前後後介紹的正念修習法門，已經過佛教徒兩千五百年以上的驗證。它們不僅是放慢腳步和紓解壓力的方法，還關顧到緊張與散亂的根源，並且能夠把持久的正向改變帶入我們的生活。

這裡先做個簡介，稍後我們將擴大探討。這是我將要介紹的一系列修行和練習的第一步，用以敞開我們的心和情緒，提供我們呼吸、行動和做出改變的空間。

舒適地坐在椅子或坐墊上，脊椎保持挺直（你也可以躺著做）。如果你坐在椅子上，

12　寂天菩薩《入菩薩行論》第四品28偈：「貪瞋等諸敵，無手亦無足，非勇非精明，役我怎如奴？」寂天菩薩是西元八世紀的印度佛教僧人和哲學家。《入菩薩行論》常見中文譯本有如石法師與隆蓮法師譯本等。多處出版，免費結緣。

請將腳輕輕平放在地板上。

你的眼睛可以睜開或是閉上。

感受身體接觸到椅子、坐墊、地板或床墊處的重量。

經由鼻子做幾次深呼吸。然後將注意力集中在腹部，感受呼吸時腹部的起伏。

當你的注意力偏離呼吸的知覺（sensation）時，輕輕把它帶回來。

如果你被景象、聲音或感覺分心了，順其自然；讓它們自然消褪，回到呼吸上。

看看你是否可以舒適地維持這個靜坐五到十分鐘，然後做幾次緩緩的深呼吸，結束這一節靜坐。

你的目標是專注在某個單一對境上，以便得到安止與禪定。重要的是，請了解，這不是一種緊張、強迫性的定。不要強推自己達到定境，然後在分心時變得煩躁，於是為了成果而更用力地去專注。在這裡，專注從放鬆中浮現，並反覆和緩地回到對境——以目前來說，對境指的是你的呼吸。因此，任何對於自己表現的評價都要拋開。此類壓力，是我們正在嘗試放鬆的緊繃、焦躁的慣性模式的一部分。

顯然這個練習需要耐心。如果你不習慣靜坐，不習慣從平常「總帶著目的」的活動中抽離一下，那麼僅僅決定要坐個五至十分鐘也可能導致不耐煩。（「我把時間浪費在這裡嗎？」）一旦你進入這種練習，當注意力飄移並得要持續把注意力輕輕帶回來時，你需要耐心才能保持安止。不過，這樣也會有回報。在某個時間點，說不定就在你初次靜坐時，你將感覺到愉快的放鬆感。你也可能開始感覺到臨在，這是猴子心所不知道的品質。

隨著時間的推移，正念禪修開始降低你的壓力水平——那種神經質的催逼。現在，且把這個練習當作一個實驗。放下所有的期望，看看它如何進展。稍後我們將展開一個更廣且更深入的正念練習。

⊙停下來做個反思

現在請看一下你在前一章詳列的數位使用清單。或許以上所簡介的關於習慣養成與制約反應的調查，對你響起了警鈴。或許你想花點時間回顧一下，生活中你曾經注意到的不舒服、散亂、負面的思維與情緒模式：

- 這些模式中，是否有一些會讓你無法抗拒對數位 apps 和程式的誘惑？

- 你是否比你想像的更容易分心？你的心是否像故事中的猴子一樣四處遊蕩？這可能跟你需要專注的重要任務或你平常生活中的精神和情緒流動有關。
- 哪些內在和外在干擾最有可能捕捉你的注意力？為什麼你對這些「搶風頭者」比對其他事物更敏感？
- 當你使用電子設備時，是否注意到任何的身體緊繃？你的肩膀是不是緊繃著？下巴、上臉頰和眼睛四周呢？這種緊張是否經常出現在其他場合？如果是的話，請記住這些經常性的身體反應。
- 什麼事情最容易激怒你——為什麼？什麼事情讓你微笑？你能想起或想像這些習慣從何而來嗎？

第二部分　學習輕鬆呼吸

當你太緊張、幾乎上氣不接下氣時，常聽到的其中一個建議是：「請做個深呼吸。」如果你真的深深吸一口氣，你會暫時穩住自己並冷靜下來，站在一個比較好的位置去有效地處理眼前的狀況。你會感覺好一些。

如今，越來越多人開始意識到我們涉入數位媒體所帶來的問題。人們發展出各種策略來因應科技過度消費的問題，其中包括「箱型時間管理（time boxing）」——嚴格訂定我們一整天的行程，藉以控制我們花在數位媒體上的時間。有人甚至主張，如果你想在專業上表現突出，可能需要幾乎完全杜絕數位媒體[13]。另一種方法是參加住宿型營隊，在那裡的參與者——特別是兒童——得以接觸一般認為更有益的「類比」活動，這些活動旨在促進面對面的人際互動。此外，針對一般性的焦慮和壓力，廣受歡迎的正念技巧已經蔚為風潮，可用來降低壓力水平並幫助我們放鬆下來。

上述這些技巧，針對短期和特定領域可能有所幫助。但本書中的重點並不放在這些方面，因為它們並沒有處理前幾章中我們檢視的制約和慣性模式的整體問題，它們沒有

13 卡爾・紐波特《深度工作力：淺薄時代，個人成功的關鍵能力》中推薦了這種方法。吳國卿譯。時報文化出版，2017年。

命中問題的核心。若要透過處理干擾的方式來獲得心靈的平靜、均衡和純粹的喜悅，我們需要偵測出負面模式，建立有益的新模式，並確保它們被充分吸收。我們需要新的習慣，它的運作會讓我們自然地敞開，而不是把我們綁住。如果我們想要尋求的是能導向「真實而深刻之快樂」的顯著改變，對於那些堅硬又全自動、一輩子養成的慣性模式，我們不可能靠權宜之計或只做一些微調，就能快速改掉。

第三章　探索內在空間——發展耐性與敞開

如今，我們對於「不耐煩」非常熟悉；至於「耐性」呢，則不太熟悉。如果你是一位經常使用智慧型手機等數位設備的人，我們在第一章中所做的練習——單純地觸摸和觀察手機——可能會造成一些不耐煩感。畢竟，我們常用的電子產品支配著許多人生活當中匆忙作息與常規的一部分。它們的設計就是為了速度，並且等同於效率。每一個新一代的設備、軟體和連線速度都提升我們對於「快」應該「多快」的期望。在前數位世界，快車道已經存在，但這些電子產品把速限提得更高。我們很少以一種隨緣、悠閒的方式使用它們。

但是我們可以！如果辦到了，回報我們的將是緩解緊張、焦慮和壓力，到達輕安（serenity）的門口。這是一種生活型態的改變，我們目前甚至難以想像。「耐心」所營造出來的空間，將提高我們做一切事情的品質——包括我們的工作。

在颱風或龍捲風常見的地區，當暴風過境時，幾秒鐘內就能撕裂摧毀途經的一切，人們必須找地方避難，或是找個防風地下室，或是遠離暴風現場。大多數人不會將每日常規描述為颱風過境。但是我們今天視為正常的速度和強度，若放在舊日的類比世界，已經是極致。若在一九〇〇甚至一九五〇年間，像如今大多數人這樣衝刺，會被形容為「快要精神崩潰了」。

現代生活節奏加速，隨之而來的焦慮和壓力，已經成為普遍的趨勢，這一點可以從目前許多針對性的醫學、心理學、另類醫學、亞洲傳統醫學、靈性發展（主要是禪修）的普及化得到證實。甚至還有許多用於冥想和放鬆的 apps、精緻瑜伽、冥想工作室等，所有一切都是針對壓力太大的工作階層、家庭主婦、單親父母、學者——嗯，應該說所有人吧！

當我們開始感覺到現代生活型態對我們的影響——無論是我們還年輕、精力充沛時，還是當我們隨著時間推移而開始被生活弄得精疲力竭時——尋找逃脫這些風暴的避難所，就變得很有意義。我們需要在生活中營造一些喘息的空間，並且擴展和探索此空間。我們已經介紹了一種庇護所：正念禪修。是的，當我們遇到壓力的頂峰時，正念禪修能讓我們冷靜下來。若持續修習，並逐步加深，正念將改變我們生命的整體基調。能做到此的一個方法就是訓練自己要有耐心。

為了從正念禪修中創造一個有用的工具或庇護所，它需要成為習慣。看看你是否能在一天當中找到一兩個短暫的空檔，規律地練習我在第二章末尾介紹的修行次第。隨著你逐步進展，你將越來越習慣靜坐禪修，每一座的長度會輕輕鬆鬆地自然延長，沒有必要勉強硬推。以這種方式，逐漸將每次的修習時間延長到二十至三十分鐘。

找一個時間，試著在氣氛寧靜、環境宜人的地點，這樣將會正面增強靜坐的效果。你可以找或買一個舒適的墊子，或用一張你喜歡的椅子，讓你可以保持舒服的挺直坐姿。點一支蠟燭或燃一炷香並非必要，但如果你覺得這樣對你有吸引力，何樂而不為呢？如果你有興趣，甚至可以在開始和結束靜坐時搖鈴或敲頌缽。無論你如何安排，請記住，這是為自己營造一個庇護的空間——這是一個正向的本壘，從這裡，你可以創造一個更自在的內在生活。對了，靜坐時記得把手機關閉。

再次提醒，不要對靜坐加諸你或許已經習以為常的強迫心態和期望。你將從禪修本身得到回報——即透過專注於呼吸，自然呈現的正念。隨著時間的推移，當你逐漸累積經驗，並稍微延長靜坐時間時，可能會發現自己進入非常平和的狀態。那時，思緒會減緩，甚至似乎完全停止。當這種情況出現時，請將注意力從呼吸轉移到「輕安」及「安止」本身。這個定力的對象較為精微，若你沒能專注在「安止」，請再回到呼吸上。

簡介座下修

當你從定期座上修中獲得樂趣和穩定感時，就是將正念禪修引入日常活動中特定時刻的時機到了，這稱為「座下修」，即將正念片刻融入日常生活當中。你的正式座上修會支撐著座下修，最終會逐漸擴展，直到涵括你整個清醒時的生活。對大多數人來說，這個過程需要多年才能逐步實現。

座下修有點像是賽車選手在一場比賽當中被叫停，喝杯咖啡，再繼續回到競賽。以這個例子來說，「賽車」指我們根深柢固的習慣性衝刺，因此，剛開始練習座下修時，必須有意識地將這些靜謐時刻引入，且每次的時間要短。

你可以在任何時間和地點練習座下修，但日常作息中一些自然的空檔是比較方便的時段。排隊等候的時間就是很好的時機，例如你在郵局、銀行、雜貨店收銀台、咖啡店、加油站等地方排隊的時候。通常在這種時候，我們的心會不停地四處游走：我需要付多少錢？我要用現金、信用卡，還是用手機上某個 app 支付？我手上的表格填寫得正確嗎？我還有時間去辦另外一件事情嗎？凡此種種。如果你發現自己處於上述情況之一，請檢查你的狀態：你的心是否急切？是否感到焦慮？或者你身體的某個部位是否感到緊繃？

僅僅這樣做，也能將急迫感暫停片刻。然後，跟隨你的呼吸一會兒。最後，請給自己一個肯定與微笑，因為你剛剛完成了一件超凡的任務。

當你在晨跑時，能否中斷自己的思緒和妄想，僅僅感受那踩踏著地面的腳底或輕拂過面頰的空氣？如果你在桌前工作，能否有喝咖啡休息的時間，享受幾分鐘的獨處？如果可以，你可將十次呼吸作為一輪，數個幾輪，並記下你的感受。由於每個人的日常作息不同，因此我們首先能做的，就是列出一天當中可以暫停的時間，例如上述的那些建議。

首先，在你的日程表中找出一兩個你每天可以利用的短暫空檔。不要停頓太長的時間，也不要在你必須處理其他事情時嘗試靜坐。

這裡還有一些建議：

- 偶而放慢你在筆電、平板或智慧型手機上打字的速度。
- 當你準備打電話時，先暫停一下，做個深呼吸，然後才撥號。
- 注意一下你洗碗和擦乾碗盤時是否匆匆忙忙。如果是的話，請放慢速度。
- 製備食物時（例如切胡蘿蔔或切洋蔥），也請放慢一點。

- 當你打掃房子時，不要急，慢慢來。
- 悠閒地購物，不要匆匆忙忙。

你可以想出其他的主意，來練習座下修。

我們需要一些自我覺知（self-awareness），才能夠記得並啟動座下修的練習。如果你對於當下正在做的事情能夠盡力專注，不被思緒拉走，座下修的成效也會比較好。當你與當下失聯，被思緒帶走時，很可能你又回到了既有的、較快的節奏。

你所要對治的制約，通常很堅固，而且它抗拒改變，有欠缺耐性的特質。因此，你的迷你靜坐將會是耐心的操練。剛開始，單單是啟動「暫停」，就需要大量的紀律。但你要堅持下去。

每一次的座下修都會帶來片刻的自我覺知，那將會開始敞開你的生命，喚醒你的生命。它將為你的氣脈與你的生活型態帶來一股清流。經由此練習，你將逐步創造一個基地開始把自己的時間和節奏掌握得更好。有時某幾節的靜坐可能成效不好或進展有限，但請保持耐性；不要設定對成功的僵化期望，反而替自己打造出了失望與灰心。把那個也放寬吧。

耐心是一個需要修練的重要品質；透過座下修，它會逐漸熨平並且軟化你的整體生活基調。當你在生活中忽然面臨某個艱難處境，那些擾亂你方寸的事情激起了你的強烈情緒，像是焦躁、生氣、痛恨、難以抑制的猛烈渴求等等時，對自己說一聲：「我且忍耐一下！」暫停並忍耐一下，將會創造出新的生理、心理和情緒反應，那會穩住你的腳跟。你將經歷一個「心臨在當下且客觀」的片刻，這將幫助你避免為自己或他人添亂。俗話說：「三思而後行。」越能透過思考並修習安忍，生活將變得越平順，遠離了快車道上精神與情緒的干擾，你將獲得更大的獨立性。你可能已經注意到，有耐性、輕鬆自在的人是多麼吸引人，而那些沒耐心、緊張兮兮的人如何讓人排斥。修習耐性將使你成為前者。

耐性與生俱來

以上描述發展耐性的修心方法，要一件一件去做，可以從一兩個簡單的處境開始，慢慢擴展到你許多的活動中。漸漸地，你會鬆開那較為緊繃的慣性模式，而一種輕鬆的、寬敞的特質將會浮現。

然而，在每個人的心靈[14]當中，其實都有一種天然的、不費力的、與生俱來的耐性特質。若有意識地針對耐心做自我制約訓練，使自己熟悉它，將會引導我們發掘出這種天然品質。它甚至可能出其不意地忽然走向我們。無論是經由訓練或自然發生，我們都將開始與我們本性的智慧面連結。這智慧的一面隨時都在待命，但因我們如此忙碌又散亂，因而未能察覺。我們的制約反應，無論源於成長經歷或數位環境，其作用如同一團濃霧，覆蓋住了這一美麗而開闊的覺知。當這層霧靄逐漸散去，我們將開始依循「安忍」的智慧特質而行。

此處我所說的智慧，無論是安忍的智慧或其他善性，具有一種任運的特質。那是一種統合的體驗，即事物並非彼此分離或二元對立。它的出現有點像是得來毫不費力的一份禮物，我現在所用的詞語無法將之正確表達。

以下我們將逐漸和緩進入智慧的訓練。如果你在沒有任何預警的情況下體驗到這種開放的自由，請不要驚訝。你越是對其保持開放心態，進行探索，並拋開個人意見、偏見和觀點，這種情況就越可能頻繁發生。這會為你帶來內心的愉悅與平和。

14 「Heart-mind」這個詞，簡單的翻譯為「心靈」，意指直接地、以直覺了悟的智慧之心。請參閱格龍仁波切著《歇心靜坐》122頁，商周出版，2018。

敞開的三個層次

解開一個複雜的繩結需要耐心，才能鬆開一股股緊束的繩索，讓出其中的空間。同樣地，「敞開」提供我們空間，使我們能夠生活得更加平靜、專注而安詳。

我喜歡從三個層次審視敞開的意涵。第一個層次我們都很熟悉。當我們年輕的時候，被訓練得要有禮貌，要做一個「和善」的人，不要粗暴無禮。這是一種社會常規，是懂得自律的父母對子女教導的一部分。我認為，在任何社會中，成員間的負面互動通常不會受到廣泛支持。如果有人拜訪你的家，他們是客人，你會盡力以禮貌對待。如果你是商店的主人或你從事某種商業活動，你會盡力保持友善態度對待顧客，因為你知道這樣才能做好生意。辦公室或工廠的經理人員或是員工都知道，保持順暢而友好的關係比較讓人愉快，而且，在大多數情況下，相較於在緊張又勾心鬥角的環境中工作，這樣比較有效率。我想在任何場所都是如此。

然而，維持這種敞開並不見得永遠是愉快的，因此它需要靠紀律維繫。銷售人員日復一日迎合顧客，未必很享受，顧客的詢問和要求可能讓人疲累又惱火。在辦公場所經常會有個性不合的情況，但那必須被壓抑。為了維持生計，我們得靠與客戶和同事的良好關係；為了得到舒適的情感生活，我們得靠朋友、家人和熟人們，因此我們必須敞開面對他們。不論是提供顧客需求的商品與服務，或維持人與人溝通的友好態度，我們必須足夠敞開去關照他們。當然，這是理想狀態，可是社會能夠運作是由於大致上達到這個要求。因此，大體而言，這種敞開是我們成長過程中習得的一種制約，它帶點機械化地應用在日常生活當中。但它還是不錯的，它為進一步的敞開奠定了一個有潛力的基礎。

這第一層次（基本層次）的敞開並非出於自願；你這樣做，主要是顧及自己的利益。你遵循的是一個常規。但到了第二層次（基於你個人意志）的敞開，將會創造一種不同的氛圍。此時，我們與他人來往會兼顧利己與利他。我們修習同理心、對於他人的利益必須考慮在內……等，有了更深廣的認知。這可能有點挑戰性，因為，此時的敞開意味著我們不再那麼保護自己，而自願表現出脆弱，並決定讓自己成為包含他者處境的一部分。

用一個隱喻來說：第一個層次的敞開就像開車在鄰里間穿梭。你可能捕捉到幾個細節，一棟房子、一棵美麗的樹、一個行人等，但大體上來說，你的眼睛只注視著道路，專心向目的地開過去，你只是「路過」鄰里而已。第二層次的敞開就像徒步走在同一鄰里，你放慢腳步，不再封閉在汽車內，因此看到了更多細節，對周遭更感興趣，讓自己更深入參與任何出現的狀況。

第二層次的敞開，可以簡單到只是一次訪友活動。因為你真心想知道朋友的近況，於是專心地觀察聆聽。在互動當中，若有任何狀況發生，你都敞開接受。他們可能謝謝你，請你喝杯茶，也問問你的近況。反過來，他們也可能對你關上大門說道：「不行！現在我正在忙。」或者，他們可能向你借錢，或請你幫忙照顧小孩幾個小時，這可能會讓你感覺不愉快。但若你採取開放的態度，這態度的本身會讓負面情況變得比較容易處理，例如你可以說：「我此刻無法借給你三千元，但一千五百元如何呢？」或者，如果你參加某個公益團體，或投入某個興趣團體的專案計畫，即使該專案的成果未能達標，參與者的開放心態也能營造一個正向的體驗。這裡沒有工商企業的那種壓力，企業中的敞開度有限，達標是凌駕一切的首要目的。

在這種敞開狀態中，你希望利益他人，而通常自己也會受益。你的敞開以及隨之而來的激勵感會增進，會將更多喜悅帶進生活中。這是因為，生活中的一切經歷，基本上都由我們本身的心態來決定或調味。狹隘的期望會引發緊張，而開放的期望則更注重過程和夥伴關係，而非最終結果，這樣能夠創造出更大的空間和舒適感。

在達到第二層次的敞開時，需要主動且有意識地放下防衛心，消除與他人之間的隔閡，這些往往是我們在年少時或後來習得的制約反應。你可以告訴自己：「我想我可以更加敞開，我相信這將意味著一個更快樂、更安詳的人生。是的，我可以辦到！」

⊙修習第二層次的敞開

以下是一些有效的方法，有助於你第二層次的敞開：

- **行程中一小段改成步行。**

如果你固定開車或搭乘大眾交通工具上班，或從事其他常規活動，請設法把行程拆開，將其中一小段改成步行。可以把車停在距離目的地遠一點的地方，或上車前先走一段路，或是提前一站下公車或下火車。

給自己一點額外的時間做這件事：悠閒地走走，四處看看；留意周圍的環境，看看有沒有什麼讓你感到興趣。可以寫下你看到、聽到、聞到、或感覺到的任何有趣事物；可以做成日誌，直到這種練習成為習慣。

重點是不要匆忙，要向新的經驗敞開。

・去一個新地方。

如果你習慣於常去某個特定地點，如餐廳、咖啡館、住家附近、戲院、圖書館、球場、公園等，那麼，不妨偶而打破一下常規，去一個全新的地方。向新的環境敞開，記下你看到和經歷到的一切。

再次強調，平靜安詳地做。留意你如何呼吸、如何行走。保持敞開即可。

・嘗試做一些從未做過的事情。

如果你從未看過戲劇表演，那就去看一場，敞開心胸去體驗。嘗試新餐廳，品嘗你未吃過的菜色，像是阿拉伯食物、日本料理、衣索比亞菜或斯堪地納維亞菜。敞開心胸，接受新的口味。聆聽現場音樂會，體驗不同的風格。如果你不喜歡跳舞，去跳舞吧！

你得到一點概念了吧？做一些與你個性不合的事情，看看會如何。你可能會覺得精神一振。

對許多人來說，最具挑戰性的敞開是「與人相處」。嘗試隨緣施惠他人，例如將你珍愛的物品贈予他人、在餐館或咖啡廳為陌生人買一杯飲料、提供鄰居或同事搭個便車，或是邀請一位新認識的朋友參加聚會。你也可以順路探望某位生病或心情低落的朋友，使他們心情好一些。（自我反思，你這樣做是否為了讓他們歡喜，而非你自己想得到一聲「謝謝你」[15]。）

其他可做的活動，包括參加土風舞社或語言俱樂部、學太極拳、學習一種樂器等。你也可以開課，教一些你擅長的主題。

這個構想是，嘗試一些你平時從未想過要做的事情，某些與你風格不符、在舒適區以外的事情。請確認你選擇的活動包括面對面的現場互動。

以上是幾個可能激發你想像力的選擇。如果你偶而參與這些全新的、想都沒想過的活動，而發現到其中的價值，你將變得更加隨性自在。而隨性自在正是敞開的核心。

第三層次的天然敞開：無邊的廣闊

在第二層次生活，最終可能會引導你到一個新境界，在那裡，你會開始了解宇宙中

15 最新研究發現，即使是隨機的小善舉，對接受者產生的正面影響，也比大多數人想像的要大得多。參閱凱瑟琳・皮爾森（Catherine Pearson）〈隨機善行的意外力量〉，《紐約時報》，2022年9月2日。

的一切，包括你自己、他人、其他有情和一切現象（all phenomena）[16]都是相互連結的。

在這個境界，不再是針對一件事一件事逐次敞開，而是有一種潛在的感受，一種空闊的視野，隨著每一次的呼吸，都帶有一種生命的意涵、鼓舞以及活力的感覺。這是第三層次。它有可能漸次走向你，也有可能突然撞上你——或許當你身處於自然美景中，或是當你聆聽著一段鼓舞人心的話語或音樂時。

當我們發願盡最大可能敞開心靈時，一種對生命的空闊見解將成為我們的一部分。我所謂的空闊，是由第三層次的敞開所產生的能量。它是極度敞開的一種投射、一種屬性，是一種靈性特質，它具有愛和慈悲的本質。這個層次的敞開，是一種偉大的皈依處與庇護所，遠離生活中的跌宕起伏以及隨之產生的焦慮和壓力。在這裡，我們得以用一種全然放鬆的態度來接受生活。無論我們面對痛苦或是喜悅，所經歷的是什麼並不重要。這種敞開帶來一種放鬆和空闊，可以保持更健康的精神狀態，為我們的身和心帶來強度與平衡感。

因此，第三層次是**無造作的敞開**。無論在任何時刻、任何情境，我們隨時可以做到。

16 譯者註：一切現象（all phenomena）佛教中稱為「萬法」。

它瀰漫在我們的生活中，並隨時帶來立即的饒益。一旦我們達到這個水平，就不需要機械式地練習敞開，因為它就在那裡，作為一個人類心靈、「靈魂」或「靈性」的自然屬性，它一直在那裡。我們實際上並沒有創造它。第二層次的敞開帶我們與第三層次這種無條件的開放性接觸，並且透過對它的敞開，我們發現它。

實際來說，超越第一層次那種高度造作的敞開其實很簡單，人們並不需要成為一個「靈性人物」或接受密集的禪修訓練才能達成，只要練習「向日常生活中的各種經驗敞開」。盡力而為，看看自己能夠經由這三個層次敞開到什麼程度。

如前所述，盡量到戶外接觸大自然，是讓自己熟悉敞開、使它滋長的一個好辦法。自然的世界空闊寬廣，沒有那些經常束縛著我們的思緒縈繞。大自然讓我們放鬆並且激勵我們。如果我們留心而且有意願，可以在走入公園、爬上山崗或小山坡、赤足走在海灘上時，把煩心事全都拋在入口處。

當你開始將這些更敞開的態度和新的練習融入日常生活時，放鬆而漸進地做，仍然很重要。以這種方式去做，本身就是強勁有力的修行，可以對治和軟化那些造成焦慮、壓力、失衡的緊張和急迫感。因此，不要把這個練習也變成「大計畫」之一，那樣會招引過度的嚴肅與壓力。這是我在本書中將不斷重複的關鍵建議。

第四章　生活中修正念

前面章節已經透過正式座上修的方式開始探索正念，當時把注意力集中在呼吸上。針對如何將「臨在」（presence）融入日常作息，我也提出了一些建議。在本章中，則將這兩種方法以更系統化、更強勁有力的方式結合，把正念應用到我們的身體、感受、現象[17]和心上。

這個法門源自傳統佛教修行，稱為「四個正念的應用」或「四個住處」[18]。透過這些修行，我們將遠離制約反應、散亂等慣性模式的自主驅動力，培養一些靈活度和獨立性。當我們對於自己身體的知覺[19]與動作、我們感受的本質、我們如何看待所察覺的事

17　譯者註：現象，佛教又稱為「法」。

18　譯者註：佛法上一般稱為「四念住」或「四念處」。

19　譯者註：sensation，眼、耳、鼻、舌、身等五根執取外境所現起者，稱為身體知覺、感官知覺，或簡稱知覺。

物並與之互動、我們的心如何運作等，都更能覺知（aware）[20]時，將有能力辨識那些造成我們焦慮和緊張、阻礙我們認識真相[21]（reality）的慣性模式，並從中解脫。隨著正念的增強，我們將更容易察覺到散亂，並加以對治，同時放鬆的能力也會提升。對於自己的一切行動，我們也將開始享受更大的主控權。

再次建議，你應避免將這些修行視作一般的專案計畫，好像必須得設定目標、帶著期望，並一絲不苟拚命工作以力求得到成功。是的，我們也希望禪修有進展，並且能夠提升。然而，那種單純追求成功的動機，正是許多日常活動引發緊張、匆忙和焦慮的核心問題。透過採取放鬆、開放和探索的態度，同時保持溫和且堅定的心態，可以讓禪修逐漸滲透我們、軟化我們，如同對緊繃的肌肉施以舒緩的按摩一般。

以下的修行法門你可能從沒做過，但是又得在日常生活當中做，所以第一步很簡單，你只要記得去做它就好。它們不會占用你日常生活太多時間，但一開始可能容易忘記它們，於是你依然像平常一樣生活。因此，無論你計畫在一天當中設定固定的禪修時段或想要比較隨興地做，或是兩者並行，你最好在每天晨間先修一座。晨間是一個好時機，

20 譯者註：參見詞彙表 awareness 條目。

21 譯者註：佛法名詞稱為「真實義」。

可以提醒自己這個新發的誓願。先在腦中觀想你打算在當天稍晚做正念禪修的時間與地點。然後，下一次你上座禪修或是當你準備就寢時，核對一下你記得做的頻率高不高。這個自我檢查有助於提升你的自我覺知（self-aware）。

⊙身念住——緣身體，修習正念

我有一個學生決定要在一年內完成最後兩年的大學學業，此外他還做兼職。他認為，如果每晚睡四小時整，把剩餘二十小時依照嚴格的時間表分配，就可以完成這項計畫。他的確修完了大學課程並且畢業了，但是當學年結束之後，他崩潰了。之前他為了保持清醒而喝咖啡，然而現在只要聞到咖啡的氣味，他就緊張得全身顫抖。幸虧他還年輕又健康，現在已順利恢復較為輕鬆的常態。

由於我們的心敏捷又容易散亂，我們經常把身體丟下不管。當注意力追隨著忙碌的心打轉時，我們往往失去對身體的覺知，而任由它自動運轉。身體的節奏自然比心緩慢，這種情況很容易發生。但即便如此，快速思考和過度努力還是會加快我們的神經系統，把身體推出舒適圈之外，這是壓力的一個主成分。我這位學生經由艱困處境才認識到這一點。當身體開始感到焦躁和不舒服時，心接收到了，然後開始擔憂。接下來，兩者互相增強，形成一個反饋迴路（feedback loop），使得我們越來越失衡。當情況太過嚴重、達到「神經崩潰」的狀態時，大多數人會去看醫生，由醫師開立鎮靜劑、安眠藥以及其他藥物。

如果我們朝反向努力——以正念感知我們的身體——那麼，身體那較為緩慢的自然節奏，將有助於平靜與穩定這顆心。因此，理想上，在每一個身體動作中（不論是大是小），我們應該可以保持覺知，將心與身體連結。這樣的連結對身體有極大助益，能放鬆身體，那是你能為自己的健康所做的最大貢獻之一。有經驗的運動員知道如何在放鬆的基礎上展開動作，這種心對身的連結，也有助於你因應身體的疼痛。與其任由身體疼痛部位牽引，不如將正念擴展至全身，除了可以減輕疼痛，並重新引導你的注意力，使之成為一帖強而有力的療癒劑。

上座修「身念住」時，可以從呼吸開始，然後擴展到其他所有的身體覺受。

我們可以感知集中在臀部、坐骨和大腿下方的身體重量，感受手放在膝蓋或腿上的重量。實際上，如果我們專心凝注，就可以在身體的任何部位感受到地心引力。

我們可以感受到心跳的脈動，感受到皮膚上方的空氣溫度以及我們衣物碰到皮膚的觸感。專注會培養我們的敏感度。

接下來，可以將此練習擴展到各種姿勢以及移動中的身體。我們的主要姿勢包括站立、行走、坐姿和臥姿。

夜間就寢時，請花片刻時間放鬆身心，感受當前的姿勢，並對自己說：「我正處於躺臥狀態。」這是一個當下的瞬間。然後放掉它。

在你行走時，也做同樣的事情：感受你移動中的身體，焦點放在你的雙腳、雙腿、擺動的雙臂、軀幹、頭部，甚至整個身體，並對自己說：「我正在走路。」看看你能保持這種覺知多久。無論站立還是坐著，都進行相同的練習。有時在姿勢轉換時，也要保持臨在。如果你堅持做下去，你的身體將開始擔負「臨在當下提醒者」的功能。

此時的目標，並不是去持續不斷覺知你的姿勢和動作，而是每天時不時注意一下。當你打算去散步或在桌前工作時，可以盡可能地把注意力帶到與身體同在；或者，開始在一天當中自然地注意到自己的姿勢。但若發現自己忘了，不要批判，請以溫和而積極的方式將注意力引導回正念。這是你邁向放鬆的重要一步，並為你的生活帶來平和、喜悅和專注。永遠保持這種積極的心態。進步會依照它自身的節奏，自然而然到來。

身體的其他感覺——味覺、嗅覺、視覺、聽覺和所有的各種觸覺——也可以納入這種「動態禪修」的一部分，將身念住擴展到自己平常未經留意的領域。在一瞬間，我們發現自己嚐到一個味道，或感覺到微風拂面，或感覺到皮膚上陽光的熱度。我們並未真正深入探究這些知覺，但專注力增加時，這些身體的知覺會變成巨大愉悅的來源，感覺就像大熱天沖個涼水澡那般舒爽。

＊實修建議

如果你每天都做正念呼吸練習，那就是一個基礎，你可以從那裡開枝展葉擴及身體的其他部位。在一座結束前，嘗試全身掃描一遍，從頭頂開始一直掃描到腳部，不帶任何思想評論，你只需要放鬆並注意那「原始的」知覺。

以下這些場景適合你進一步探索身體正念：

・**在大自然中：**

走路，健行，騎自行車，在公園的游泳池、湖泊、河流、海洋中游泳，靜靜坐在森林中。試著將日常生活的速度拋開。悠閒地走走。閉上眼睛從長滿青草的小山坡滾下，翻滾時感受著地面、青草和樹葉。

．在水中：

當你洗澡、淋浴或游泳時，充分敞開去感受水在你皮膚上的感覺。不要在你自己和潮濕、寒冷或溫暖的感覺之間製造任何屏障。漂浮、潛水、衝浪。當你體驗汪洋般廣闊的知覺時，徹底放鬆並把你的念頭都拋開[22]。

．觀賞煙火：

精采的創意煙火秀讓人目不暇給。讓自己沉浸在煙火的造型、顏色、爆裂聲和火藥味中。也可用類似的方式體驗營火甚至壁爐中的熊熊火焰。

．聆聽隨機的聲音和音樂：

花點時間，試著聆聽沒有歌詞的音樂，這樣可以避免你的思維心干預。保持當下，仔細傾聽，全神貫注。不要評論，僅僅覺知聲音一個接一個流過。你還可以聆聽瀑布、風聲、遠處的車馬聲、鳥叫、蟋蟀和蝗蟲的叫聲等，任何聲音都可以。以不帶評論的方式，純粹聆聽那個聲音。

22 衝浪愛好者非常熟悉這種與海浪融為一體的體驗。其他運動員也會尋求這樣的「甜蜜點」。

・到公園或鄰里四處走走：

找個不熟悉的地方逛一逛。輕輕地左右轉動你的頭，當視線捕捉到景象時就迅速放開。體驗純粹的視覺。這樣能讓人精神一振。

・嗅各種氣味：

去一間麵包店，閉上你的眼睛，嗅一嗅麵包和糕點的氣味。嗅一嗅河川被汙染的氣味。留意一下氣溫和季節變化如何影響室外的氣味。

・品嘗不同味道：

購買各種水果，在籃子裡每種水果各放一個，閉上眼睛，每種水果咬一口，慢慢咀嚼。品嘗所有的味道，但對於喜歡或不喜歡，不做任何的評論。

了解了吧。你可以想出更多適合你修習身念住的機會。重要的是，請記住注意力的對境是知覺本身，而不是你對它們的反應。假以時日，修習身念住不但能讓你克服散亂和慣性模式，還能大大豐富你的生命。

⊙受念住——緣感受，修正念

我們可以透過擴展自己對於身體知覺的體驗，進一步了解我們的正面和負面感受，這些感受超過純粹的身體知覺。隨著感官知覺的出現，我們形成了慣性模式和制約反應，列出了喜好和厭惡的項目：喜歡和討厭、想要和不想要、愛和恨……等。這些加諸於事物的評論，改變了我們對它們的體驗。我們可以進行自我觀察，了解一下這些好惡反應如何影響我們身、語、心三個基本面向的運作。

當我們藉由感官知覺把更大的正念帶到身體，我們開始觀察心對身體感覺的評價。出於制約反應，如果心相信即將迎來的事物是正面的，那麼你會「感覺良好」並覺得滿足。但如果出現的事物與心的期待有差距，心會做出負面評語（「感覺不好」），身體就會失去平靜、平和和滿足感，通常也會變得散亂不安，無法安住。你有了一個「負面的體驗」。

你很容易在身體的各種知覺（包括觸覺、嗅覺、味覺、聽覺和視覺）觀察到以上的狀況。以味道為例，你泡好一杯新品種的茶，啜飲一口。心會根據你口味偏好的制約反應評斷茶的「好」或「壞」。或許你喜歡帶點酸味的茶，不酸就不喜歡；但坐在你對面品嘗同款新茶的朋友可能看法完全不同。或許你喜歡這款新茶，而你的朋友可能討厭它。

但在品嘗新茶的過程中，你二位都受到自己偏好的干擾，相對淺層地體驗了這杯茶。如果你能運用一些正念以及伴隨它的開放態度，就能以純粹且客觀的方式品評這個味道，帶來新的、更深刻的體驗，而不會因散漫而喪失正念。相較於依循慣性期望下的偏見，這樣反而會得到更寬廣、自由的體驗。或許，專業的品評師就是透過這種方式來體驗茶、咖啡或葡萄酒的味道。

關於天氣也是如此。高溫或低溫、潮濕或乾燥的狀況，不一定能決定你對這些經驗的感受。如果你習慣於躲避寒冬，當天氣變冷時，與其身體瑟縮發抖，不如試著放輕鬆點。對這些感官知覺保持當下專注，但不去評斷，你可能會得到一個全新的、出乎意料的體驗，那是超越「好或壞」之別的，那將是非常自由的感覺。事實上，這是一種禪修的狀態，稱為「一味」（one taste）。

同樣地，以嗅覺來說，事物本身並沒有好聞或難聞之分。事物都有其獨特的氣味，這是一個值得探索的感官世界。你所見和所聞的對象也是如此。音樂、電影和繪畫等藝術界都曾發生過一種現象：當新的手法出現時，可能會激起負面反應與抵制。然後，到了某個時間點，觀眾開始向這個新的藝術形式敞開心胸，去「搞懂」它，於是改變就發生了。但繪畫或音樂作品的本身並沒有任何改變。比方說，二十世紀現代音樂傳奇人物伊果．史特拉汶斯基（Igor Stravinsky）於一九一三年在巴黎首演芭蕾舞劇《春之祭》時發生的事件，使該劇得到「春之暴動」的綽號。如今，世界各地的樂團都毫無爭議地演奏著這齣最初曾經造成震驚的音樂劇。

我們對語言的體驗，包括所說的和所聽到的，以及心中絮語。從書上讀到的也可包括在內。不難發現，我們體驗語言時，是多麼地武斷，經常對於我們所說的、所聽的和所讀的下斷語。但這些體驗的本身僅僅只是一種聲音（包括我們將所讀到的內容內化的聲音）。當我們對聲音做出正面或負面的評價時，我們將從正念的自在平衡中抽離，把自己關在寬敞廣闊的多重語言形式之體驗的門外。為何不純粹聆聽語言的聲音呢？擺脫了評斷，我們得以發掘一種直接而清新的景象。

以這種方式探索知覺，我們開始了解關鍵因素在於心。評判某個經驗是正面還是負面，並不是僅由知覺來評判，這取決於你心中的見解——你的慣性思維模式。如果你安住正念且保持平和，你會對任何出現的知覺更加敞開，較不容易困在喜歡或討厭的評斷中。這樣的評斷會成為障礙或絆腳石，使你無法獲得敞開與正念那更令人滿足的體驗。純粹的體驗知覺能轉化為正念與禪修的能量，但不會引發評判。

法念住——緣現象，修正念

談到法念住時，我們關注的是如何應對心的對境，特別是日常生活中從周遭感知到的那些對境。我們已經了解「喜歡和不喜歡的感覺」如何制約我們，現在來更深入探討這個過程。

我們不斷受到所感知現象的轟炸。通常，這些五花八門的現象干擾著我們，包括聲音、動作、氣味、能量、光線等等。我們的感知可能混亂又膚淺。正如我前面所述，通常我們的心並沒有與現象深度連結。我們可能缺乏專注力或好奇心，因此不會任持某個對境，並從較深的層次認識它——專注於它，對它敞開，並真正理解它。

法念住意味著檢視我們的心，看看我們如何因應萬法。然後，我們可以發展出比較高度的警覺、臨在與放鬆的專注力，以之作為與事物連結的方式。要做到這一點，表示我們必須徹底敞開心，完全放鬆心，使得現象的本質能在一個中正不偏的態度下被感知。當我們能夠超越，不再只是抓住現象的表層而強加慣性視角與標籤，就將會體驗到真正的喜悅與臨在感。我們得以用新的方式看待現象，認出現象和我們的心是連結的，彼此之間是統合與一體的，心與現象並不是各自分離、獨立的實體。

有時，我們確實會與環境中某個物件建立這種連結，但這種體驗很短暫，我們通常不會注意到。當你從一個特別的視角觀看一個尋常物件時，這種情況可能會發生。

例如，你彎腰撿拾一個掉落地板的東西，卻發現另一個你無法辨識的物體。它可能引起你的好奇心，於是你專心端詳它。你無法分辨它是什麼，因此不帶任何既有概念看著它。它只是一個「看起來怪怪的東西」。然後，你忽然領悟它只是某個常見的東西，像是一個側翻的玩具或一個打破的杯子。但是曾有那麼一瞬間，你以一種非常純粹的方式注視它，因此無法替它貼上標籤——無法重新辨認出（re-cognize）它是誰[23]。你在那個當下是以該物件的「原貌」看待它。

釋迦牟尼佛在兩千五百多年前提出了一種有關保持中正無偏感知的修持方法：

在所見中將只有所見；

在所聞中將只有所聞；

在所覺中將只有所覺；

23 譯者註：recognize 譯作「辨識」，此處作者拆開語根成為 re-cognize，有再次認出的意思。

在所知中將只有所知[24]。

以這種更敞開、更純淨的方式與萬法交會，可以幫助你練習放鬆感知事物的方式。當你看著沒有明顯而確切形體的東西，如一片雲、一顆石頭、各種岩層或抽象畫等，你可能會將某種想像的形象投射其上。一片雲彩呈現在你面前可能是一朵花或一個人體；石頭的表面看起來可能像一張笑臉，稍稍轉動一下你的頭，它看起來又像別的東西。當然，你實際看到的物體既沒有臉龐，也不是花朵。你的心會將相似的形狀投射到你見到的事物上，不同年齡、經歷或文化背景的人可能會投射出不同的形象。關鍵是，當時你接觸的事物並不包含任何這些投射。雲朵在有風的天空中是不斷變換的。一塊岩石就是一塊岩石。你是否能依據它們單純而赤裸的顯現來看待這些物件、接觸這些現象呢？

另一個簡單的方法是，傾聽別人說一種你完全陌生的外國語言。雖然他在詞語中傳達的是思想和意象，相對比較沒有覺知他所發出的聲音，但你聽到的卻只是聲音，只是聲音的原貌而已。

24 摘自優陀那 1.10，巴利藏經中的一部佛教經典。

這種能力可能如靈光乍現。我們習慣於捕捉現象的表層，以至於還沒有充分體驗到時，它們已經快速溜走了。我們甚至極少從內在和外在環境中覺知其豐富性。就像開車快速通過一個街廓，我們總是專心找尋目的地，而錯過了周圍環境。修習法念住讓我們有機會觀察世界的原貌，不匆匆掠過，不以慣性的標籤、投射、種種詮釋罩住它。當我們開始感受這個世界時，將會發現它多麼令人驚豔，它是如何相互關聯著，以及我們如何是其中的一份子。我們會發現自己超越了言語、超越了限制。

＊法念住的實修建議——與萬法自由交會的良機

- **凝望晴朗的夜空**：領會天空的整體，不要一一辨識「星宿」、「行星」、「月亮」、「流星」等支分。盡量純淨地向夜空的景象敞開，屏除任何來自你的經驗或智識的影響。
- **以同樣方式凝望雲彩**：當你察覺自己將衍生出來的形狀投射其上時，放掉它。
- **觀察瀑布或一條湍急的河流**：敞開地看著它，聆聽它。
- **觀察一大片水域**：無論它波滔洶湧或平靜無波時，或是天空與周遭景象都倒映其中時。

・去到公園或森林中，觀察樹葉上反射的陽光：慢慢轉動你的頭，掃描光的全景。

當你徹底敞開與現象直接連結時，你會找到許多可用來修習正念的機會。不要過於把修行視作一個目標或專案計畫，應該作為一種與世界連結並享受其中的新方式。

心念住——緣心，修正念

我們的心比平常想像中的還寬闊許多。這是因為在日常生活中，我們一向主要關切著心裡裝的內容——我們的念頭、情緒和意象等等。或許把自己的心想成是一個袋狀物，裡面裝滿所有思考的事物。我們也會把心和腦子混淆了，通常把它想成是一台精密的計算機或是電腦。我們的心是由所有這些境[25]所構成，但唯有覺知它們，我們才能明瞭覺知是我們心的另一個相貌——或許是最重要的。

當我們禪坐或日常作息中正念專注於心的內容[26]時，我們得以察覺心中某些內容造成我們難過與不開心，另一些則帶來平和與快樂。在我自己的文化背景中，會將五種有

25 譯者註：指心的所緣與所有與心相應俱起的法。
26 譯者註：包括依心所起的現象與感受。

害的心理現象稱為「五毒」：厭惡（瞋恨、憤怒）、攀緣（貪愛）、無明（昏昧）、嫉妒和傲慢，大多數的問題由它們造成。我們都見識過五毒如何把痛苦帶給自己和他人，尤其當我們過度沉溺其中時。它們似乎相當程度的屬於人類生活及制約的一部分，我們時常被它們徹底席捲，那種「習慣」的力量，讓人難以抗衡。

但可以用兩種方式處理：一是有意識地以正向品質取代它們；二是專注於「對所有心境[27]的**覺知**」上，包括正向的、負向的和中性的境。

以心來說，開闊、悲憫[28]和慈愛[29]等正向品質是很自然的，它們是我們真純人性的一部分。而上述負面特質，以及現代生活刺激出來的疑惑、忙碌、執著和散亂……等卻不是，但我們已經被它們制約。因此，當你維持心的正念時，請觀察你的念頭和情緒，哪些是正面的，哪些是負面的。請觀察正向特質最終如何為你、為你和他人的交往帶來正面的結果，也觀察一下負面特質如何導向受苦。

正向行為的楷模有助於鼓勵我們以正向的心態前行。你可以閱讀諾貝爾和平獎得主

27 譯者註：「某心的境」的性相是「某心所了別的」，佛教的不同部派對此有不同的歸類與解釋。
28 譯者註：佛法名詞 compassion，一般譯作「悲心」。有時亦通於「大悲心」。
29 譯者註：佛法名詞 loving-kindness，一般譯作「慈心」。

們的傳記，也可以在生活周遭（例如社區中或家庭裡）找到這樣的榜樣，觀察他們在艱困處境中，如何經常以行為替周遭以及自身帶來快樂，讓他們激勵你效法而行。請將此納入你的正念練習環節中。

當然，如果對於當下的情況不醒覺、警醒和留意，就不可能覺知心的內容。那麼，如何加入這種覺知呢？先探索之前學習的正念禪修，你將逐漸更敏銳地覺察到「覺知」本身。如果你能純粹且直接地感知你的身體、感受和現象，而不帶慣性思維的投射，你將處於一個純粹的覺知狀態，不論那如何短暫。這種覺知可以在念頭與念頭之間的間隙中被發現。

如果你能察覺自己是「將一個慣性傾向投射到某個對境上」（例如把雲層想像成一張面龐），也是一種覺知。如果缺乏覺知，你本質上就是無意識的、沉睡的。即使當你的心處於極度緊張和忙碌狀態中，覺知也會讓你意識到自己正在想什麼。實際上，覺知以一種全方位的方式參與我們所有的活動，本書稍後將仔細檢視。

覺知就像一面鏡子。修習心念住，旨在觀察心不偏不倚反映在你的當下覺知中，正如鏡子無誤揭示任何放在它面前的東西。先前你可能透過呼吸直接觀察你的身體，並體驗了五種感官與萬法。現在你透過心的正念，清楚而純粹地觀察到心中現起的一切，無論它們是什麼。

＊心念住的實修建議

如同進行身念住修習，在一個舒適的位置坐下或躺下。跟隨你的呼吸一段時間，直到心境平靜且清明。

接著，開始觀察你的念頭（心的「內容」）或覺知本身（「心的本身」），不加評論。激發你的好奇心，以之作為動力。

與其跟隨思緒或被思緒纏住，不如去了解當下的狀況：心到底是什麼，它如何運作？這不是很有趣嗎？當你發現自己開始陷入思考，心中生起各種想法，並捲入其中，與之共舞時，回到你的呼吸上一小段時間，然後再回去觀察。一如既往，保持放鬆並且不要評論。

我們可以將上述五毒應用於正念禪修。這些情緒或心態包括貪戀、憎恨、無明、嫉妒和傲慢，它們會為自己和他人帶來問題，而且經歷這些往往令人不快。當其中一種情緒出現在心中時，我們有兩種選擇：

①跟隨它、與它共舞、參與其中、採取行動、評論它、分析它等等。

②只是直接觀察它的出現，順其自然，不去防堵它，隨它自行消融。這樣做時，我們不助長這些情緒，它們會自己消失。

上述第二種方法我們可能不習慣，它與我們的制約背道而馳。（但也不要忘記，很多時候這些情緒的運用是必要的。在某些情況——例如當你還在學步的孩子想要自己穿越一條忙碌的街道時——表達生氣有其正面的意義。）但很多時候，捲入這些念頭和情緒並不必要，而且有破壞性。然而我們空幻的想像中充滿著這些念頭與情緒。

因此，當你思考、做白日夢，甚至與他人互動時，看看你能否注意到負面念頭和情緒驀然生起，就像一隻鳥或一陣微風的出現。看看你是否能感覺到情緒何時開始形成（它可能非常快），然後你讓它保持原貌，不要採取行動。這就叫做直接觀察心的內容。如果你捕捉到了「察覺」這個動作本身的況味，那就是「對覺知的覺知」，是心的另一個面向。念頭生起前和它消融的瞬間，你可以感知到這種覺知。

心念住需要安靜和細緻的禪定。每次禪修時間宜保持在較短的範圍內，請勿勉強自己，尤其當你的心非常忙碌時。雖然這些修習可以非常深入地探索、走得非常遠，但此處我們的練習主要旨在強化正念，使這種品質瀰漫在生活中。透過這樣的練習，最終我們將發展出一個強大的工具，在生活中以放鬆的專注協助引導我們。

為了增進這種修行，讓它開始真正轉化我們的生命，我們必須「上路」，使其成為日常生活的一部分。心指揮著我們一切的行為和體驗，因此我們所有活動中都可以有心的正念。上座禪修或隨興練習皆可，最好兩個方法攜手並進。

剛開始時，你可以每天規畫出特定的時間和場所，抽點時間觀察心的內容：當正要做某件事情時，例如在桌前坐下、開始製備飯菜、準備發動汽車等等，先聆聽一下自己在想什麼。

另一種方法是尋找那正在觀察、正照亮你心之內容的覺知。

若每天練習得夠多，這個流程將成為自然反應。安排特定時段進行心念住的練習，會讓你養成習慣，經常提醒自己進入覺知狀態。而一些負面習慣，例如網路連線遲緩時感到煩躁，或者漫無目的且耗時地上網瀏覽等，將會對你失去吸引力。你開始感覺到以往如何被它們控制著，對於該如何運用寶貴的時間、如何帶領自己的生活，你將做出更合理的選擇。這是把平衡帶進你數位活動中極其重要的一步。

不僅如此，你還將開始以一種嶄新方式看待和體驗生活。當平常那些從被制約的心散發出來的散亂消褪時，你將直接進入一個新的經驗維度。你會發現，自己與「由解脫之心任運生起的智慧」連結得越來越深。

⊙正念禪修總結

＊一、身念住

在禪坐時，先專注於呼吸，然後逐漸將注意力擴展到身體的其他感覺。你可以從頭到腳或從腳到頭做一次全身掃描。

其他修習正念的姿勢包括站立、坐下或躺著。也可以在移動中保持這種定力，有時對自己說：「我正在走路。」並感受那個動作。從一種姿勢或動作轉換到另一種時，也要察覺。

對味覺、嗅覺、視覺、聽覺和觸覺等感官知覺保持正念專注。

＊二、受念住

注意你可能對身體知覺做出的評斷：「這個感覺很好」和「那個感覺很糟」。這些你感知到的身體知覺，是否符合或未能符合你的預期？期望與評斷緊密連結。對於所有身體的感官知覺，請留意這一點。

這些評斷，以及你對自己和他人言語的評斷，是否阻撓了你的正念？

看看你是否能超越期待，放鬆進入一種原始或「純粹」的感官知覺，超越主觀上的正面或負面感受。

＊三、法念住

注意你如何將自己的慣性標籤、形狀和偏好投射到與之不相關的事物上，例如雲朵或岩層。然後，從短暫的一瞥開始練習，以更開放和中立的態度看待這些現象。

當你越來越能放鬆時，你將發現自己與現象的連結更深了。到了某個時間點，「你」和「對境」之間的屏障可能會消褪，甚至消失。你將體驗到與現象合為一體。

＊四、心念住

在禪坐中，觀察你念頭的生起。特別注意厭惡（瞋恨／憤怒）、吸引（貪愛）、無明（昏昧）、嫉妒和傲慢的念頭，注意它們在擾亂你正念的力道。花點時間對正向特質做觀察修，例如敞開、悲心和慈心。與先前較負面的特質相比，觀察這些正面特質如何帶來比較快樂的心態。將你認識或聽過的正向面對人生之典範人物記錄下來。

將注意力轉向促使你修習正念的覺知上。當你被思想的內容分心時，暫時把注意力放在呼吸，讓自己穩住基底，然後回去歇息在照亮體驗的覺知當中。

當你習慣了這種練習，經由「不去理會飄過的念頭」，它們將毫不費力地消融，成為純淨覺知的片刻。

透過修練和努力，這些時刻將會延長。關於此點我將在第四部分再做討論。

當你覺得自己在這種正念中達到一些穩定性，請嘗試在日常生活中不同時段和不同情況下修習。提前規畫，然後實際去做。隨後你會發現，這種練習有時會自動發生。

第五章　一個完美的 APP

正念讓我們臨在當下。如果我們沒有保持正念，就不能算是「真正在這裡」。「臨在」是一個平台，在那裡，我們以一個基底穩固、頭腦清晰的方式處事，無論是使用數位設備工作或進行休閒活動，還是與朋友、家人或工作夥伴互動，那都行得通。

我們通常靠著電子設備上各種 apps 來完成任務：使用電子郵件、語音通話、簡訊、社群媒體和人們溝通；找資料時，用網路瀏覽器、地圖程式和專門的搜尋引擎。為了得到我們所需要的完整資料，可能會從一個 app 跳到另一個 app。

在這裡，我要向你展示一個源自佛教徒修行的絕妙「app」，稱為「六度」或「六波羅蜜」，或者稱為「六種珍貴的品質」。如果你經常使用它，我相信它會將絕妙的平衡帶進你的生活。六者中的每一種都有其獨特的優點和重點，但是，就像你經常用於做研究的那些數位 apps 一樣，結合六者使用效果最佳。這六種品質是**慷慨**、**耐心**、**勤奮**、紀律、專注和智慧[30]。你在智慧型手機上找不到它們，但你的內在確實擁有它們，隨著你的成長、教育和各種生活經歷，它們已經發展到某種程度[31]。它們是我們極大的潛在資源，但往往從我們的行為和活動中消失無蹤。若能發展並善巧運用這六種特質，我們將獲得強大的力量，從而擺脫負面制約反應，並將正向與和諧帶進生活中。

⊙六度環環相扣

第一個慷慨（布施）。我們通常認為這只是某種形式的付出。或許我們把物資送給有需要的人，也可能慷慨付出時間，伸手幫人一把。但無論以何種形式表現慷慨，如果沒有第二個特質——耐心（安忍）——配合，我們能布施到什麼程度呢？很多情況下，布施就是某種形式的耐心。我們平時的思維和行動不要匆促，把腳步放慢一點，關心他人的需求。但此時也需要加進第三個特質——勤奮（精進）。安忍具有引導行為的能量與專注力的特質，但要做到安忍，需要勤奮的幫忙。勤奮有時稱為「喜樂地奮力而為」，

30 譯者註：佛法上一般譯為布施、持戒、忍辱、精進、禪定、智慧，依次對應此處的慷慨、紀律、耐心、勤奮、專注、智慧（二者次序略有不同）。

31 實際上，它們在你的本然中與生俱有，且彼此並不分離，而是單一品質的各個面向。這一點將在後面的章節中探討。

那是完成任務所需的提神劑。我們如果不勤下功夫，豈能完成任何重要任務呢？

第四個是**紀律**（**持戒**），它暗指自我覺知，即對於專注在目標上保持正念覺知，不分心也不偏移。試問：如果不是走在正確的方向上，熱情有何用呢？紀律對於防範我們對他人做出不友善或不道德的行為也很重要。

第五個特質是**專注**（**禪定**）。這項特質能夠啟動、聚焦並賦予我們心的力量，使我們看清楚任務以及互動中的細節。若我們的意向是慷慨付出，專注將引導我們找到實踐的方法。

然而，最為關鍵的品質乃是**智慧**。智慧使我們能夠評估自己的慷慨行為是否真正有益他人，並了解如何最大化這些益處。透過智慧來減少「自我珍愛（self-cherishing）」[32]，使我們能夠超越個人的偏見，對真相有更加清晰的認識。例如，我們的智慧可以判斷，在某些情況下的布施可能會被受施者誤解（認為「我不需要你的施捨」），從而造成的傷害大於其帶來的益處。這種智慧來自經驗和直覺，以及對自我的認識。

在很多情況下，如果你想要把慷慨或安忍付諸行動——例如（慷慨地）協助某人一

32 譯者註：佛法有一個相關的名詞「我愛執」。

項需求或任務，或（耐心地）給予某人情緒的空間——智慧都必須參與初步的決策。其後，專注磨利我們的焦點，隨後上陣的是勤奮和紀律，以確保我們能達成任務。

以下是一個簡單的例子，說明六種品質如何結合在一起。

假設你心中感到想要布施的呼喚——比方說，有某位朋友或親戚有金錢的需求，向你借錢；有人代表某慈善組織，透過電子郵件、電話或登門向你募款；或是當你在一間露天咖啡館吃飯時，看到有人蹲在街角或迎面走來向你乞討。

有些時候，我們可能會被這些募款要求惹惱，這是我們的吝嗇心態被激起時常有的反應；也有些時候，我們似乎沒有時間停下來考慮那個請求，這可能來自一種「自我珍愛」的心態，它窄化了我們的焦點，把我們與他人的需求和處境切斷。慷慨則與此相反，那是一種敞開的同理心，使我們隨時回應他人。如果我們天生慷慨，或曾經刻意培養過慷慨的特質，內在的聲音就會告訴我們：這是一個練習布施的機會。我們將停下腳步，讓自己敞開胸懷迎向那個請求。

這樣停下來反思，就是安忍。接著，我們可能會請勸募者進一步說明詳細情況。他們陳述的需求可能包括各種項目，例如「我們為提供非洲飢民食物而募款」、「我需要用它支付大學學費」或「我失業了，需要資金支持家人」。我們耐心聆聽，肢體語言敞開而專注（帶著「臨在」和正念，此即專注力）。

某些時候，你可能會反問自己：「我這筆捐款是否明智？」在極端情況下，有一些地方公務機關會公告勸阻施捨乞丐金錢，暗指他們可能將錢用於有害的用途，例如吸毒或酗酒。這些情況下該怎麼做，取決於你的個人智慧。你必須「掂量」一下這位向你勸募的人，這需要敞開的智慧。如果某個機構請求募款，你可以做一點研究，以確定該慈善單位的方向和成效。此類資訊很容易在網路上取得。或者你就決定慷慨一下，碰碰運氣吧！也許你智慧的另一個面向——直覺——說：「這個感覺很對。去做吧！」

帶著紀律和勤奮，一旦你決定慷慨解囊，你將確實進行捐贈，並採取必要措施，以確保款項送達勸募人或慈善機構手中。你可能需要進行銀行轉帳或使用信用卡完成捐款，包括處理所有相關細節。如果該筆款項需求迫切，你的勤奮將確保捐款準時送達。或者，你可能需要花點時間在十字路口把車停好，抓起錢包，把錢送給那位在路邊行乞的人。你會發現，此舉還需要耐心的加入。

請深思其他需要這六種特質的情況，你將發現六者的相互關聯性，例如當你耐心向某位親戚、同事、學生提供建議時。你也可以耐心對待自己，不要匆忙做出重要的決定。或者，學習一項新技能時，得要從專注力開始。這六者，幾乎都可用在日常生活的任何情況。請觀察這六種特質如何分別扮演一部分的角色。你會發現，在大多數情況下，六種特質的每一種都會自然而然與其他五種連結在一起。

串習六波羅蜜

要將這六種珍貴的品質化為你的盟友和幫手，首先要逐一串習[33]它們，然後觀察它們如何以團隊的形式協同運作。這可透過一連串緣思維的分析式禪修[34]達成。隨著我們將這六種品質帶進所有活動中，一個融合的過程便開始了，最終會走向證果。

開始禪思之前，先以尋常方式檢視這些特質。如前所述，布施和安忍都是一種敞開。當我們受到啟發變得慷慨時，我們開闊的同理心使我們超越自我關切，而與他人的需求連結起來。正如我們所知，安忍在此扮演了一個角色。此外，安忍在避免生氣方面特別有效，畢竟，不耐煩常被視為導致憤怒的第一步。

我們開始進行分析式禪修。請舒適地坐下，專注在呼吸上幾分鐘，然後，想像你曾經進行布施和安忍的場景。接著冥想，是否有幾次可以應用這兩種特質，卻沒有去用。

33 譯者註：串習，為佛教術語，指經過反覆的練習，成為習慣。

34 譯者註：分析式禪修，又稱概念式禪修。請參見詞彙表。

當時為什麼不用呢？現在想一想你日常生活中常見的、適宜布施和安忍的狀況有哪些。

專注和智慧攜手合作，讓我們接觸知識與理解。專注和正念緊密結盟，顯然是我們許多任務所不可或缺的。例如，在進行網路研究時，專注力能夠有效地過濾掉多餘的訊息，從而提取出核心知識。智慧不僅限於專注和知識，還廣闊納入能夠指導有效行動的細微認知。

接著思考：你是否認為自己在生活中許多方面都有良好的專注力和焦點？有沒有某些情況你很容易失去焦點？你覺得為何會這樣？你可以如何運用修習正念來增進你的專注力？你能否想起一些情景，當時因為智慧——無論是與生俱來的或從經驗中獲得的智慧——使得你的某個生命處境變得大不相同？

紀律和精進是讓我們不脫離正軌的指導原則。它們為我們的意願方向提供能量與持續力，確保我們完成任何著手去做的事情。無論做專案或是投入到一段人際關係，都是如此。你所從事的活動是否曾經因懶惰而腰斬？如果是的話，你的懶惰是否只出現在某特定時段——或許是讓你覺得無聊的情境或專案計畫？還是你一般來說都會偷懶？你認為這個習慣是從哪來的？你在某些活動中缺乏活力或熱情，又是怎麼回事呢？如果你經常發生這種情況，其根源是什麼？

然而，這些信手拈來的描述只是一個起點與藍圖。若要在一個更深入且真正有用的層次理解這六種品質，你需要發掘許多細微處，那是當你在深思中探索它們，特別是當你遇到日常生活中的處境時，才會浮現出來。為了達成這個目標，你可以藉由下列的思考方式，開始把它們變成習慣，這是正向的制約。

＊一、有哪些方式可以展現我的慷慨？

慷慨可以藉由身體、說話方式以及我們的心來表達。關於身體，是指我們所有的身體表情，包括肢體語言、手勢、眼神和面部表情等。慷慨可以透過一個微笑、一個拍肩或一個溫暖的握手來表達。我們讓他們知道，我們是敞開而慷慨的，我們的思想和感受都欣然擁抱他們，不是只關心自己而已。

當我們帶著誠實、開放的心胸，以及仁慈、真誠的言語，進行直接而誠信的溝通時，慷慨就會展現出來。這些外在的表現當然源自我們的內心。在我們心中，慷慨源自覺知、開闊的思維、愛、慈悲，以及對他人的想法、感受和需求的洞察力。

與此同時，我們應該保持動機的純淨，也就是不帶期望的布施。我們不期待回報，慷慨付出，絲毫不帶著能得到讚美或掌聲、回收某種恩惠，或是得到一聲大大的「感謝」

等動機。我們的確可能會得到那些，但我們的心願是藉由布施為他人的幸福做出貢獻，這是「善行本身就是回報」的例子。「期望」是個常見的慣性模式，若要避免落入此陷阱，需要精神紀律。關於此，我們甚至可以超越「施予者」、「受施者」和「布施行為」的概念。這種讓人徹底解脫的法門，稍後我們再討論。

想一想你遇到的許多可以展現慷慨的場景。我曾經注意到，在機場排隊等候的人們會慷慨地為航班即將起飛的乘客讓路。我們都會同理他們的處境，因此會大方地閃開讓路。此外，我們可以練習一些「隨機善行」，例如在咖啡館匿名買杯飲料給某人，或為排在隊伍後面的人買電影票。我相信你能想出許多類似的情境，這樣可以讓你先做好準備，當機會出現時立即付諸行動。

也請回憶一下：是否曾經有一些適合慷慨付出的場景，但你卻沒有去做。是什麼阻止了你？

＊二、安忍有何價值？

我們每天面對急匆匆的數位世界，十分熟悉安忍的反面——不耐煩。我們經常被「感到缺乏空間」給困住了。相反地，如先前所說，安忍會打開場域，給我們帶來喘息的空間，讓我們有餘裕明智地思考事情，而且還會帶來比較好的平衡、放鬆的能量。安忍是現今世界中壓力和匆促的最佳解藥。

請思考一下，當人們失去耐心並陷入憤怒和仇恨時所引發的各種不幸事件。想一想常在新聞報導中讀到的悲劇，如果能在事情開始如滾雪球般擴大之前注入一點耐心，局面應該是可以挽救的。

從另一個角度看，你可能已經注意到，有耐心的人具有吸引力，而不耐煩則讓人不敢靠近。耐心中帶有一種溫暖，讓自己和他人感到舒服。耐心在艱難處境中還可以支撐勇氣。它會提供時間和空間來思考其他的選項，那些可能是匆忙間我們不會想到的解決方法，而那可能會幫助我們深入探究難題，得出良好的結果。

安忍——身為專注的面向之一——幫助我們在任何處境中都能更集中焦點。因此，請讓你的心從多方面探索耐心，然後回想你曾修習安忍的時刻，以及曾在某些情況，安忍應該會有幫助，而你卻失去了耐心。為什麼你不忍耐呢？那時你沒有覺知需要耐心嗎？或是你明知需要耐心，卻被什麼遏制住了？

＊三、勤奮如何發揮作用？

想一想龜兔賽跑的故事。烏龜和兔子朝向終點線賽跑。兔子又快又敏捷，牠覺得自己比較優越，輕易就能戰勝又慢又遲鈍的烏龜，因此一直分心，把寶貴時間浪費在瑣碎事物的追逐上。與此同時，烏龜志在必得，小心謹慎地用上所有精力向目標奔赴，僅靠著穩步前進而贏得了勝利。

一旦我們確立志向，不論是一個專案還是一個目標，應將勤奮融入計畫中。成功完成任務所需的精力和熱情是，必須結合其他因素，例如靈感、動力、計畫制定及工作節奏等等。勤奮能幫助我們識別並排除那些無益的態度，像是驕傲、優越感、自大、本位主義，這些會阻礙原本想幫助我們的人。如果我們像兔子一樣分心，不僅會偏離軌道，也將錯過推進計畫的好時機。分心會妨礙敞開與臨在當下，使得重要因素出現時你卻沒有發現，因而錯失了關鍵資訊。而勤奮將我們達成任務的能量聚焦。

回想有哪些時刻你的付出曾被勤奮強化？哪些時刻則因缺乏勤奮而被削弱？

＊四、紀律應與正念結合

勤奮在本質上帶有能量和熱情，而紀律則含有道德的特質[35]。如果我們不謹慎，有可能會被負面態度誘引，偏離了適當的行為舉止，而適當的舉止恰是我們完成計畫、保持人際關係和諧、過正常生活所不可或缺的。

在新聞報導中時常看到一些案例，某位知名人士因嚴重缺乏紀律而自毀前程，他們被一些有潛在危險的事物誘惑，因缺乏紀律而落入陷阱。然而，紀律不必然是僵硬而局限的；相反地，紀律應該是一種覺知與留意的狀態。因此，紀律與正念、禪定緊密結盟。

你是否缺乏紀律？是否無法遵守紀律達成目標？如果是的，這種傾向在你生活中有多強烈？它源自何處？

＊五、專注需要放鬆而敞開

我們時常把專注想成非常緊繃又狹窄地集中焦點，但是有效的專注必須是放鬆又敞開的。專注在本質上與正念無異。當我們失去專注或正念時，精進和紀律可以幫助我們

35 在佛教中，紀律也被稱為「戒律」、「律儀」、「德行」。

察覺到此，而我們只需將注意力帶回其對境即可。

試想一整天下來，你從一項活動跑到另一項活動，經歷了什麼樣程度的專注？留意觀察哪些因素會增進專注力，而哪些則造成昏昧。你可能會因為過度勉強或時間過長而失去專注力。很簡單，暫停下來提振一下精神，就會有幫助。有時我們只需提醒自己要「臨在」即可。

你是否相信自己在生活中許多面向都保有良好的專注力和重心？有沒有哪些情況使你容易失去焦點？你認為原因是什麼？你將如何靠修習正念來提高專注力？

＊六、淺談智慧的涵義

我在本章所談的智慧是世俗的智慧，它主要來自教育、師長們的建議，以及生命經驗。但是智慧也可能從直覺生起，我將在第四部分討論這種更超驗（transcendental）的智慧。

智慧這個名詞對你來說有何意涵？當你相信自己係依智慧行事，那又意味著什麼？也許你所做的某個「明智」的行動曾帶來正面的成果。你是否能回想起，某個因為你的智慧而使情況大為改善的場景，不論那是你俱生的智慧還是經驗中獲得的智慧。而那個明智的行動是源自正規教育、經驗，還是直覺或某種預感（hunch）呢？

這六種珍貴特質（六波羅蜜）確實會從人類心靈深處散發出來，是我們天性的一部分。但由於人類生活中充滿了干擾，使得我們與它們分離，它們好像變成一段模糊的記憶。因此，我們需要透過思維的方式重新熟悉它們。你可以運用我在本章中提供的藍圖重啟與它們的連接過程。這樣做之後，它們將在你生活中的每一個角落好好地為你服務。

第六章　快樂有其因

如果持之以恆地修習正念，使自己與六種珍貴的品質調諧，我們便奠定了正能量增長的基礎。此時，在一切日常活動中引入更大的快樂，變得切實可行了。

正式的座上修，不論其長度和頻率，都會支持前述那種非正式的念住練習：在生活中緣身體與姿勢、感受、現象或心的正念。持續這樣練習，它們會逐漸增強，並開始滲入你對生活的態度以及生命的感覺基調。這種安住正念的態度是一個入口，通往更大的滿足感，包括一種不受各種欲求和期待制約的、真純的快樂。

本章將讓我們了解，不論我們進行任何活動——包括使用數位設備、處理人際關係和工作——若能放鬆且敞開面對他人，將帶來多麼大的快樂與自由。逐漸地，我們會替換掉那些無法帶來真正快樂的、狹隘而自我珍愛的態度。我們也將發現，更多地關注他人與他人的需求和願望，會連結並喚醒我們心靈中那即將被自然發掘的正向品質。

⊙以四無量心展開一天的生活

當你在一個尋常日子的早晨醒來，你最先出現的念頭是什麼？這些念頭可能來自你的慣性感受和態度。或者，它們可能是你對近來經歷或未來想法的反應。例如：「我餓了。早餐吃什麼呢？」或「我該如何處理工作上面臨的那個大問題？」這些念頭可能為你這一整天定調。而它們是積極的還是消極的呢？

我們已經了解慣性模式——我們的制約反應——在決定我們的態度和行為方面，力量有多麼強大。試想：假如在一天的開始，你刻意將自己的心定調在正面框架中，將會如何？這樣做會創造快樂之因。

快樂與痛苦並不會憑空在生活中出現。如果我們有負面的念頭且以負面方式行事，遲早會得到來自人們或來自宇宙的負面回饋。相反地，正向行為引領我們走向快樂並帶給他人快樂，肯定會在我們內心與環境中迴盪。這些因與果的規律，是快樂和受苦真正的原因，它可能會延續一段很長的時間。

我建議你在早上醒來時，試著複誦以下四個句子：

願一切有情具足快樂以及快樂之因。
願一切有情遠離受苦以及受苦之因。
願一切有情永遠不離無苦之至樂。
願一切有情住於無量平等捨心，遠離貪欲與瞋恚。

如果你覺得這樣太多，可以每天早上從前面的一句或兩句開始，然後逐漸加進第三和第四句。或者你可以一天只做一遍。試一試吧！

思考或朗誦這些句子來展開新的一天，會產生神奇的效果，如同初醒時聆聽樂器、鈴聲或頌缽的美妙音符。檢視這些詞句，你會發現這些祈願的方向是朝外的。（但是永遠不要忘記你也包含在「一切有情」中。）它們導向找尋快樂並且消除受苦的負面體驗。這是一種普及於藏傳佛教中的修心方法，稱為「四無量心祈願文」。

多數人早被訓練成以一種「最終導致受苦」的方式行事，因此需要這種修心訓練。我們被教導成，若要在現代世界存活與蓬勃發展，首先必須珍愛自己超過他人，然後與人競爭（通常是激烈競爭）。而我們與生俱來的天然正向品質，例如利他心、悲心和活著的單純喜悅，則已經被迫遁入了背景。

現在你或許會問：「祝福一切有情快樂安康，為何會讓我自己更快樂呢？」或是：「如果一天開始時建立正向態度很有效，那何不直接說『我今天會有很棒的一天』呢？」讓我再次重申，答案在於「敞開」。當你敞開胸懷、超越自我關切時，你開始把堅硬的制約習性打碎，那些是不快樂的根源。你會鬆開那些強迫性的、煩躁、匆促、緊繃的模式，那些都屬於導致受苦的主因。

而且，這些詞句本身傳達出大量實用的智慧。首先它們提醒我們，苦樂皆有因；如果我們留意不去造這些因，就能為自己和他人帶來快樂並減少受苦。這是我們在日常態度中可能忽略的重要訊息。

再說一遍：我們平常大部分的思維，就像開車快速通過某個美麗的社區時，只專注於前方道路和目的地，忽略了細節，而那些才是讓自己和他人快樂的機會。那緊繃、攫取、只問結果的態度，窄化了我們的焦點，並且——反諷的是——這讓我們對於干擾更無力招架。我們如此忙於關注自己的利益，使得那些原本並不會打擾一顆隨和之心的小事變成了惱人的障礙，於是我們避之唯恐不及。相較於一種比較平衡與放鬆的專注，那不是一個有效的生活方式。

回想一下我在第三章介紹的三個層次的敞開。以上四無量心祈願文的前兩句「願一切有情具足快樂以及快樂之因；願一切有情遠離受苦以及受苦之因」，鼓勵我們跨越自我中心的第一層次敞開，來到第二層次，以一個心胸開放的立場，接納並配合周遭的人、事、物。當你祝福一切有情遠離受苦、得到快樂時，你為自己和他人播下了快樂的種子。在你敞開而正向的態度以及激發他人這些品質的天然溫暖中，這些種子將會萌芽。

想像一個工作團隊（例如工廠、辦公室、科學實驗室或商業廚房，任何需要某種程度之團隊合作的場域），無論員工擁有哪個層次的專業技能，在一個非人性化或負面互動主導的團隊，相較於成員間彼此敞開並正向溝通的團隊，其生產力和幸福感都會比較低落[36]。同樣地，相較於敞開又正向的主管，一個負面又惡語相向的老闆將會發現他的員工工作效率較低，而且比較傾向於辭去工作另謀他職。

快樂之因

誰都想要快樂。我們編織夢想，想像它、規畫它，朝著相信會帶給自己快樂的方向去做。但有時事與願違，事情不知怎麼出了錯。除非把重點放在得到快樂的「因」上面，

36 這一點已經被日本汽車製造業幾十年來的風格、生產方法、以及成功得到證明。

否則僅僅靠著所有對快樂的渴求，並不能真正幫助到我們。

如果我們夢想種出餐桌上美味新鮮的菜蔬，那麼我們遲早得要開闢一個菜園。為此，我們需要拿到肥沃的土壤，取得蔬菜的種子種下去，還要確保有足夠的陽光與水分讓幼苗成長。我們必須為美味的蔬菜創造其成長之「因」。

同樣地，既然快樂往往取決於人際關係，我們就必須對他人敞開，關切他們的需求和渴望，還要了解他們的背景。對於什麼會惹毛他們，我們必須有點概念，這樣才能與他們建立和諧關係，如果以操弄手法處理，最終會適得其反。相反地，我們應該站在他們的立場，以同理心作為正向關係的基礎，如果只專注於自己，正向關係不會輕易發生。

只專注於自己的需求，或許能得到短暫的快樂，但那種快樂可能不持久也不令人滿足。然而，如果把為自己以及他人謀幸福作為起點，你成功的機率會高得多。「我們是生命的共同體」，當我們忘記這一點時，無意間對他人造成的傷害，可能會反過來變成自己的夢魘。

假設你在商業廚房擔任食物製備員，某一天，你因為對某人生氣，一時分心而嚴重割傷了手指，需要去醫院接受傷口縫針，另一位員工將接替你的工作，但這可能會拖慢整個廚房的速度，導致上菜時間延誤。服務生因負擔加重而煩躁。顧客必須等待更久，當中某些人可能感到惱火，於是給服務生的小費減少，餐廳的聲譽也可能受損。當老闆或某位員工的專注點太狹隘，忘記了他們是群體的一分子時，類似的情況可能發生在任何工作環境。

當我是個在西藏成長的小男孩時，發生在我母親身上的一件事，大大影響了我的人生觀。我們是一個佛教家庭，就像社區中所有人一樣。當時正值中國文革期間，一切宗教活動都被禁止，甚至不允許我們點酥油燈供佛——這是一種簡單的傳統儀式。當我們點燃酥油燈時，必須用鍋蓋把它蓋住以便隱藏起來。

有一天，一群中國士兵走過我們的村莊，漫無目標地隨意射擊著烏鴉。我母親的體側意外中彈，差點死去。社區非常支持我們，給我們送牛奶、奶油和其他生活必需品。我是家中最小的孩子，那時我真的很需要母親，但她變得非常虛弱。當中國人進入我們的地區時，我們幾乎失去了一切。我母親是一名專業助產士，但她無法繼續工作，沒有體力，而我需要母親的撫育。情況真的很艱困，我責怪士兵和中國人造成我們這麼多的痛苦。我恨他們。

但是我的父母卻持著不同的態度。他們了解，如果全家維持著這種敵意，這對我們所有人來說，都將是一場災難。因此他們試圖修復槍擊事件造成的情緒傷害。我母親和駐紮在我們村莊的士兵成了朋友。她修行安忍，並保持敞開的心態面對他們。我記得母親曾正面評價那位射傷她的人，還說他其實是個很好的人，而且他喜歡我們。當我聽到這些話時，我所受的一切創傷和憤怒都神奇而順利地痊癒了。

我逐漸意識到，這個人並不是有意射傷我的母親，而是陷在無明之中。他在城裡四處遊蕩隨意開槍，並威嚇別人，其原因是由於缺乏正念和智慧。我向這較為深層的理解敞開，於是能夠寬恕。我不再對這個中國士兵感到憤怒。相反地，我為他事後感受的傷痛與悔恨、他必須走過的一切後果，感到傷悲。

我對於母親在那種極度艱困的情況下處理她自身問題的方式，以及她為了養家和幫助社區中其他人所做的一切，充滿了愛與欽佩。即使是非常艱困的情況，也能被正向的態度所扭轉。如今，這一段屬於中國人共同的傷痛已走進歷史，我和許多中國人成為好友。回首過往，我慶幸自己年幼時沒有被憤怒染汙了清靜的本心。

我們彼此間一切的互動與行動也是如此。我們用什麼方式對待他人，其結果將會遵循因與果的法則，向外廣大擴展，就像水面上的漣漪。面對他人時，自己的正向態度會創造出整體的和諧與快樂。這或許不是永遠都那麼容易，有時可能會有困難，但值得去做，我們會培養出一種「喜悅的奮力而為」的品質。當困難出現時，例如有人阻擋我們的快樂之因，我們需要安忍與勤勉。這樣一來，問題或障礙可轉變成正向的催化劑，那是快樂之因。舉例來說，遇到與他人難以相處的情況時，我們可以保持冷靜和正向，這種態度可能會以一個和緩、正向的方式影響他們。

⊙受苦之因

我們看到世上有很多苦難，自己也時常經歷痛苦。所有這些受苦都有其緣由，如果我們對於這些受苦之因有所覺知，通常是可以避免痛苦的。地球的自然環境就是一個很好的例子。我們發現環境正在迅速惡化，我們承受著逐漸增多的暴風雨和颱風、洪水、乾旱、熱浪、季節性氣候變化、海平面上升等等。這些都是各種人為因素造成的後果，包括人口過剩和環境汙染等。

而這些行為的原意，並不在於造成痛苦。相反地，其目的是為了創造幸福。汙染的工廠或發電廠業主拒絕做汙染防制，因為汙染防制費錢又耗時，會降低利潤，而利潤使經理人、業主和股東們更為富有，照理說應該會更快樂[37]。他們的確相信自己的快樂依

37 不可否認發電廠業主和經理人可能會因提供人類社區所需的電力而得到快樂。

靠企業在經濟上的成功，以至於他們可能甚至忽略了一個事實，那就是：他們和家人朋友們都呼吸著汙染的空氣，而長期汙染的結果，降低了每一個人的生活品質。比方說，富有的工廠老闆計畫去加勒比海度假，卻發現他或她最喜愛的島嶼已被全球暖化引發的一場強大颶風摧毀了。

這個例子也顯示出受苦之因如何慢慢發揮作用。地球大氣層的汙染和暖化始於幾個世紀前的工業革命初期。其後果是漸進的，而且會累積。同樣的情況在規模較小的人際關係上也會發生。我們可能依據自認能夠得到快樂的想法，輕率地對待周遭的人。老闆可能純粹因為感覺不方便而避開員工的關鍵需求；配偶之一在關係中強勢主導可能會堆積出怨憎；孩子可能被父母忽視，欠缺愛和照拂，導致長大成人後卻人際關係失調。

因慣性模式設下不切實際的期望，也讓我們深受其苦。例如，你成為鎮上足球隊的狂熱支持者，和其他球迷一起觀看所有比賽，購買印著球隊徽章的恤衫，為自己的球隊加油，嘲笑對手們，批評他們所有的弱點，說他們為何「如此可悲」。不久之後，你建立了一個堅固的信念，確信你支持的球隊非常「優秀」，而對手球隊卻如此「蹩腳」，因此你的球隊必然永遠獲勝。對你來說，這已經變成真理。演變到極致時，球賽中和比賽後敵對的球迷之間可能爆發暴力行為；在某些情況，這些敵對行為甚至導致人們嚴重受傷或死亡。你可能因這些信念而入獄或者甚至死亡，但整個現象其實只存在於狂熱粉絲心中，「敵隊」支持者的信念也和你一樣。當時，球員們只是把球踢來踢去，賺進一大筆金錢，他們甚至還經常跳槽到別的球隊。球迷的信念完全是幻想！但它能造成大量的痛苦。

再次證明，上述那些態度本意是為了帶給自己快樂，卻導致反覆重演的受苦。忽略員工、配偶或子女的需求，表面上看似順暢省事，但若與最終造成的痛苦相比，便宜行事所得到的「小快樂」或短期利益實在微不足道。有時，我們習慣不經大腦盲目行事，例如懷抱著巨大的期望，認為我們鍾愛的球隊必須永遠獲勝，卻很少想到這些行為和態度其實是受苦之因。

習慣性的固定思維和信念也會把我們帶入困境，因為我們的日常現實並非一成不變。如果以正念觀察，會發現生命極為易變而且相當複雜。大部分的情況，我們遭遇的處境和遇到的人根本不符合自己的期望。事物形形色色，變化萬千，必須逐一應對。這需要一顆醒覺、專注的心，最重要的是要懂得彈性變通。安住正念，仔細觀察，並以更大的敞開、更多的智慧與悲心來應對變化。

要能完全免除任何期望可能很難，甚至不可能，但是我們必須做好準備，當發現這些期望不適用於某特定對象或情況時，要立即放下。當事情來臨時，隨著你去理解它們，快樂將會浮現。痛苦生起的原因來自期待一切事物都符合你的期望，當事實不然時，就會感到失望與沮喪。

我們必須經由覺知與敞開而領悟：這種狹隘的態度是造成他人受苦之因，最終也成為自己的受苦之因。一位智者曾經說：「眾生欲除苦，奈何苦更增；愚人雖求樂，毀樂如滅仇。」[38]當我們受苦的時候，如果仔細觀想，通常會發現它的根源是我們過去犯下的某個錯誤行為，但當時卻認為那是在為自己創造快樂。進行這種觀察苦因的修行，會喚醒並且生起我們的內在覺性，於是我們會減少犯下這些苦因，包括負面的行為和情緒等等。

無上至樂和無量平等捨

一旦我們開始辨認出快樂之因，開始修習並且消除受苦之因，我們將開始體驗正向的品質。那是跨越生命中尋常經驗的一步，我們將與深刻的、內心最深處的快樂相遇。

38 寂天菩薩《入菩薩行論》第一品第28偈。常見譯本有隆蓮法師和如石法師譯本。參見註釋12。

這不是平常那種依賴著環境因素、從外在制約而得來的快樂，這種快樂帶著尊嚴與深度、內在的平衡與平和，而且無法動搖，它從人類特有的深妙本性發散而出。一旦我們有能力把心靈深度地敞開，它自然變得無苦無痛，遠離了受苦。你必須持續不斷地與這種品質連結，才能使它滋長，變得與你須臾不離。

隨著越來越敞開，我們心靈中將建立一種平等利他心態與無量平等捨心。你要做的只是心胸更開闊，對一切有情敞開；你將體驗到純淨的悲心，超越帶來受苦的偏見向前行，不再貪著或厭憎，自私自利以及與人衝突的衝動都將被擺脫了。

＊簡介「施受法」

這裡有一個我們可以嘗試的簡短修行方法，其目的是讓我們向他人敞開，迎向以慈心與悲心對待每一個人的可能性。慈心意指祝福他人快樂並為之付出，悲心是祈願解除他人的受苦。

安靜坐下，正念呼吸一會兒。感受身體與地板、坐墊、椅子等接觸處的重量。這會讓你感覺地基穩固。

想像你的面前有某個人正在受苦，可以是某位你實際認識的人（或動物或其他眾生）、一群有情，或甚至整個地球或宇宙的居民。用以下的方式觀想：當你吸氣時，想像將一團黑霧吸入心中，黑霧代表你在觀想的有情所承受的痛苦。想像當你這樣做時，這些有情從他們的受苦中解脫。啊！多麼美妙！

然後，當你吐氣時，想像你的心中發散出光芒，瀰漫你所觀想的一切。這是快樂與安康的光芒，想像這光芒把喜悅注入你觀想的有情眾生，取代他們所有的受痛與苦因。反覆地做，盡可能投入更多的想像與感受。

有時想像一下自己與那些脫離受苦、充滿喜悅的他者同在，也很重要。像任何人一樣，你也值得擁有這些喜悅。我們值得擁有自己的慈心與悲心。

這種給和取的修行法門，在藏語中稱為**施受法**（tonglen），它會增進慷慨（布施度），使你對周遭的人越來越敞開。當你修完後，讓你的身與心敞開休息一兩分鐘。當你養成習慣時，你幾乎可以在任何時間、任何地點修習這種法門。

假如這個「吸入他人痛苦」的想法使你不安，你最好極為和緩地開始修習這個法門，或者根本不要修。修這個法門的目的不是為了讓你自己不舒服。

＊ 實修總結

當你早上醒來時修習四無量心，不時地深思這四個觀念的意涵，讓它們滲透你的心靈，並在可能情況下時時刻刻引導你的行為。

正式座上修緣著慈心與悲心的施受法，並在生活中任何適宜又自在的場合修習此法。

第三部分　深入探討萬法的本質

如果我們能夠吸收第二部分提出的概念和修法，有恆地運用在生活中，我相信將帶來更多的快樂，不但能將現代生活的急促與複雜性處理得更好，而且還將創造出平衡、正向且有意義的生活型態之因。能夠覺知快樂和痛苦之因，我們就能朝向離苦得樂前進，夫復何求呢？確實，實現此目標並不是一個小成就。

然而，如果能夠經由修習，更加深入了解樂與苦如何在我們生命中出現，以及什麼是它們的真實本質，我們對它們的關切將被一種深度的放鬆和自在所取代，轉為一種安詳，幾乎不會受到生活中無可避免的跌宕起伏的影響。我們將走向直接接觸「無苦之樂」和「無量平等捨」。

第七章　快樂與痛苦的本質

如前述座上修正念的方式，舒舒服服坐下來。做幾次深呼吸，放鬆身體，從頭到腳趾掃描一遍。當你發現身體緊繃時，放開它，放鬆整個身體，然後專注你的呼吸，從一到十數算入息和出息，一遍又一遍，直到你的念頭開始減少，精神散漫也減輕。讓你的注意力更加專注，可能的話，將注意力擴展到涵蓋每次吸氣和吐氣的整個長度。

一旦你已舒適坐穩並且平靜下來，請觀察當下有沒有任何的精神緊張。即使你已經能夠擺脫外在或來自思維的干擾，請注意，單單是你想放鬆身體、集中心力，這種想要禪修的意願也可能產生一些緊張，這之中帶有一種隱微的期望。而有期望的地方就會有評論：「我達到想要的目標了嗎？這讓我快樂嗎？」它或許只是一個輕聲的耳語。

當我們帶著意圖出發，就會設定一個目標，因此產生了期望。我們希望發生某些事情，期待正向的結果，以目前的例子而言，就是期待一座「很棒的禪修」。但是從經驗中得知，「棒」是無法保證的。我們期待一件事，並且恐懼它的反面。如果你有一座「非常棒的靜坐」或「非常糟的靜坐」，這樣的評語可能預設你對下一座禪修的期望：「我能做得像上次一樣好嗎？」或「我希望比上次那『糟糕的』禪修做得好些。」繼續安靜地禪坐時，請留意這種源自「期望」的隱微緊張是否時不時溜進你的禪修中。然後，請放開那種壓力吧！

在更深的層次觀心

對於快樂的追求以及對痛苦的逃避，一直是本書的主題。一開始，我們探討了在數位驅動的現代世界中所產生的困境，以及摻入其中的各種人類制約反應。然後我提供了觀點和實修方法，幫助我們在生活中自我平衡，並增加快樂、減少受苦，尤其是承受焦慮和壓力之苦。但是我們從未問過：「快樂和受苦真實存在嗎？」

快樂和受苦當然是存在的。我們都經歷過一些被稱之為快樂和痛苦的事情，但它們是以什麼方式存在呢？從粗品的層次來看，有那種從中彩票到性快感的巨大狂喜高潮，也有那些劇烈的身體苦痛，以及失去摯愛、失去家園或失去財富的痛苦。

現代日常生活層次常見的快樂與痛苦，已在第一部分中討論。如果加以檢視並且發掘其因由，我們的生活可能會變得更快樂、更正向。僅此一點，就算是一個很大的進步。

然而，我們的行為中還被一個較隱微、更周遍的層面在制約著——是某種背景中的低聲細語。我們的願望、欲求和意向會自動產生期望；當付諸行動去追求渴望的成果時，我們的期望生出了信念，認為這些期望既真實，又能帶來快樂和滿足。

我們的欲望可能像是削蘋果皮般天真。「我能將蘋果皮削成一個連續螺旋狀嗎？」當你拿起刀並旋轉著蘋果時，你或許信心十足（「這是小菜一碟。這件事我已做過上千次！」），也或許你緊張而不確定。你已經給自己設定一個成功的期望。如果蘋果皮中途斷掉了，就會有點失望，有一點點小痛苦。如果一路成功削到底，你就會閃出一抹快樂的光輝。一切只是為了一條蘋果皮。聽起來有點熟悉嗎？

在現代生活中，我們時常認為快樂應該是自動的——那是點擊數位產品就會跑出的東西。我們已經知道，數位開發人員為了把我們套牢在他們的產品上，故意把 apps 設定成可以讓我們獲得獎賞，但最終我們點擊所獲得的卻是嘮叨不休的干擾，像是廣告、推播和自動呼叫等；有時還會點擊無效，例如當網路速度太慢或手機離基地台太遠時。許多躲在自我雷達下運作的正面期望，帶來的卻是失望的結果。

一味地追求快樂，對於成果會產生一種凌駕一切的關切與緊張。其中包含希望快樂和恐懼受苦。它們其實是硬幣的兩面。如果你希望得到某件事情，其中通常包括著你對於「如果無法如願」的恐懼。如果你恐懼著某件事情，其中也暗含著你有個「它可能不會發生」的希望。對大多數人來說，希望與恐懼是一種常見且根深柢固的制約型態。在許多行動中，都可看到它們在運作，有時非常隱微，有時明目張膽，尤其當我們望向未來時，會想：「我能順利通過面試得到這份工作嗎？」、「檢驗結果會顯示什麼？」、「我的約會對象會覺得我有吸引力嗎？」希望和恐懼把我們被制約的習慣牢牢貼住，無法動彈。

當透過希望和恐懼的鏡片審視快樂和受苦時，將把我們對快樂的追求放在不同的光線下。雖然尋求快樂和逃避恐懼是很自然的，但是我們的成長過程、文化和生活經驗很容易把我們導向不切實際的期望。我們可能會用「我們將永遠快樂、永不受苦」的期望來內化對快樂的希望和對受苦的恐懼。然後，當那個不可能的夢想一再被擊碎時，我們就會感受到痛苦。

以這種方式看待快樂和痛苦，可以清楚看出它們與我們的心（思維模式）的關聯超越一切。如第六章所描述的足球比賽一般，開始顯露出虛幻的品質。如果我們相信身穿藍色球衣的球隊是「我們的球隊」、「最棒的球隊」而且「必勝無疑」，那麼藉由相信這一點，我們把它變成了「真實」。我們固持在一套信念上，使事情對我們而言是真實的。但是把期望寄託在信念上，不僅多數本身並不真實，我們更忽略了一項事實，即生活中種種因素總是在變遷。以這種方式尋求快樂，就像試圖用彎曲的弓箭想要射中移動中的箭靶一樣。

什麼是真實的？

試想：如果不同的人、不同群體、不同國籍，或甚至不同的動物物種，會把相同的物體看成不同，那麼該物體有多真實、有多「相同」呢？不同的心會把同一物體看成不同嗎？或他們看的是不同的物體呢？比如說，如果不同的人會有不同的看法，那麼究竟有沒有「好天氣」這回事呢？或「一張舒適的床」？或所謂「美食」？我曾去吃墨西哥餐，並被警告說它「非常辛辣」，但對於多數像我這樣從小吃非常辛辣食物長大的藏人而言，相較於所謂「辛辣」食物，我只覺得它相當溫和。

你可能會指著一個實體物件，像是一塊石頭或一條鐵軌說：「這是固定不變的。這是真實的！」但即使以現代物理學的觀點仔細探究實體物件的本質，「真實」也只代表一個極為模糊的意涵。據稱，組成石頭、鐵或其他任何東西的原子並不「堅實」，而代表這些元素之基本現實的亞原子粒子（subatomic particles）並不具有固定不變的一貫特性。其基本特徵，例如位置、速度、波粒二象性、自旋、測量值與其他所謂「真實」的面向，並無法如預期般確立。相反地，科學家設計實驗的方式，對於其結果或所謂「真實」有著決定性的影響。即使是物理學，也非常不確定什麼是「物理意義上的確定」，且認識到「物理意義上的真實」在多大程度上取決於人類的心識。[39]

想想這些例子，有沒有一件事我們可以始終如一地指著它說：「是的，那就是快樂，那就是痛苦。」我們無法指出，對吧？並非每個人都因相同的原因而受苦，也並非每個人都以相同的方式看待痛苦。假如痛苦是絕對的、堅固的、本有的，且毫無疑問是存在的，那麼它應該在所有情況下都會不斷地導致受苦。但我們知道事實並非如此。造成快樂和受苦之因的差異性很大。在光譜的一端，有所謂的受虐狂，他們從我們通常認為疼痛和受苦的狀態中得到快樂；在光譜的另一端，有些長期憂鬱的人很少從任何事情中得到快樂。然而，探索快樂和痛苦的真實本性，並非抽象的哲學性問題，相反地，關鍵在於我們如何看待「真實」以及如何體驗真實。

這意味著，快樂和痛苦或許在相對層面上是真實存在的——在人類的文化和歷史過

39　這種模糊性已在雙狹縫干涉實驗、測不準原理、互補原理和其他已建立的研究中得到證實。參見喬治．格林斯坦和亞瑟．札瓊克《量子挑戰：量子力學基礎的現代研究》。美國麻薩諸塞州薩德伯里：瓊斯和巴特利特，1997。

程中曾被視為樂與苦的現實。但仔細審視後會發現，它們僅僅是一些未必符合個體經驗的概念而已。以生理上的疼痛為例，從表面上看，傷口或疾病造成的疼痛，決定於組織所受的創傷與神經系統傳達的訊息，僅此而已。但我們知道我們可以把自己從身體的疼痛中抽離。當我們專注於擔憂身體的疼痛，會把這個痛苦經驗弄得更苦，包括生理和精神上的。然而，透過接受疼痛，我們可以釋放造成此的精神壓力。接下來，與其將精神集中在感官知覺上，例如腳部某個疼痛處，不如將注意力擴展到全身整體，你將得到一種全新的、比較不「那麼痛苦」的體驗。這種敞開可以紓緩痛苦、促進療癒。這是我的親身體驗。

談到心理和情緒上的痛苦，我們都曾發展過一些因應的對策，去減輕其影響。有一種方法是，把焦點從苦的對象轉移到其他事物上。比方你的汽車被偷了，你實在擔憂：「我能找回車子嗎？如果沒有車，我該如何處理每天必須做的事？保險公司會理賠一台新車嗎？」但是此刻的你正在工作，於是你強迫自己專注手邊的任務。如果你成功辦到了，對你而言，現實是眼前的工作，而非憂慮汽車被盜。由於不去關注它，憂慮會暫時消失。

除了將注意力從不愉快的念頭上轉移之外，還可以採用**接納**的方法。當我們與不愉快的事物對抗時，創造出了更多的壓力和煎熬。透過接納，可將壓力釋放並且減輕折磨。該如何培養接納呢？其中一種方法是：對於生命採取更寬廣、更開放、更空闊的見解。透過思考生命中的跌宕起伏、生命的變化與無常，以及一切萬法（包括快樂和痛苦）的真實性很大程度取決於我們的心態，我們將能抵達這個寬闊的視角。導致我們狹隘固執，無法朝向更能接納、更有彈性、更廣闊視野的，是我們的制約與慣性。

既然快樂和痛苦很大程度取決於我們的心以及我們看待事物的方式，那麼，我們無須將生命中的起起落落視為值得嚮往或充滿威脅。我們可以丟下壓力，接納它。想像一條繽紛多彩的繩索，我們不見得喜歡其中每種單一的顏色，但是從整體看，這條繩子可能相當漂亮。訓練自己對這個極為合理的觀點形成制約反應，將會轉化我們對生命的整體態度。

這一點在人際關係中尤其重要。假設你決定幫朋友一個忙，希望自己的善行能達到效果，並且會帶來朋友的感激，但那並沒有發生，因此你有點沮喪。有什麼好方法處理嗎？首先，如果你的發心集中在朋友的快樂上，你不應該責怪自己。那麼，又何必責怪你的朋友呢？造成他們反應冷淡有各種可能的原因，或許你錯估了朋友在那特定時刻的心情；或許你不了解什麼事情能取悅你的朋友。與其感到受傷而自我封閉，不妨敞開心扉，向朋友解釋你的用心，並請問朋友為何如此反應。每個人都不相同，最好的方法就是全心擁抱、欣然接受這一點。

這種開放的態度在族裔、種族和國家等群體之間尤其重要。偏見和不容忍對人類造成的苦難不計其數。戰爭以及其他的武裝衝突，例如種族仇殺，甚至酒吧鬥毆等等，都顯示出「幸福」變得多麼難以把握。我們滿懷希望想要戰勝敵人並體驗勝利的喜悅，然而捲入的衝突卻可能帶來巨大的傷害和折磨。即使我們戰勝了，有一天敵人也可能捲土重來傷害我們。戰爭造成如此多的破壞，使地球上大部分地區都受著苦難，更甭提受害者及其家人了——而這一切美其名都是為了「幸福」。

對於戰爭、大屠殺、種族滅絕、政治極端主義和其他暴行，更敞開和樂於溝通的態度可以防止這些悲劇發生。這些暴行是心胸封閉的產物，如此而已。它們現在已成為數位環境的一部分（我特指以仇恨為動機的社群媒體），我們已經了解它們會造成多少紛擾與痛苦。人類文化的多樣性和個體差異豐富了地球上人類的生活，否定這種多樣性，顯然已經造成了巨大的苦痛。

自我認識

如果說平常看到的快樂和痛苦並非固定不變、並不真實，那麼我們如何才能找到「無苦之樂」和「無量平等捨」呢？我們如何對此產生足夠深刻的了解，從而獲得深刻的滿足與祥和呢？這可以透過座上修以及將正念運用於日常生活中來達成。

「無苦之樂」是一種超越快樂與痛苦、希望與恐懼等二元性（duality）之體驗；而「無量平等捨」是一種敞開而平坦的品質，遠離貪愛和厭惡的偏見。其實，我們探求的不是快樂，而是自我認識（self-knowledge）。把重點放在自我認識與了解心靈上，可以提供我們一個可靠的下手處，了解一切如何各得其所，就像登上最高峰才能看清地面全景一樣。既然「心靈」在為人類決定事物的真實性上扮演著如此強大的角色，對它充分認識，將會引導我們到一個更深刻、更基本和統括的快樂。

我們已藉由檢視個人制約以及人與數位媒體使用之關聯，開始了自我認識的旅程。現在，經由更精微理解快樂和痛苦的本質，我們得以把自己的思想和感受如何生起、如何「渲染」甚至創造「真實」看得更清楚。

⊙實修：對希望與恐懼做禪修

用你在練習正念時找出的有效方法，使自己舒適坐穩。給自己充分的時間達到某種程度的安止。現在進行一段概念式禪修[40]，依據前面討論的內容，對希望與恐懼做觀察思維。

希望與恐懼有何相似？它們連結在一起像一枚硬幣的兩面嗎？它們如何從期望中生起？它們與你希求得到快樂、逃避受苦有何關聯？請從自身經驗中找出一些例子。探索了希望與恐懼在你的生命和心中扮演的角色後，再次讓自己穩住安止中，或定在呼吸上，持續幾分鐘。

現在，純粹觀察你的念頭生起，不要參與它們，只是注視著。如果有任何與希望和恐懼相關的念頭出現——例如希望這座禪修能「成功」等——當你辨認出它生起了，放掉即可。你甚至可以說一聲：「啊！」然後回到呼吸，並保持對下一個念頭生起的輕微警戒。不用封鎖你的念頭，不要有任何關於它們的期望。盡你最大的能力，不要

40 譯者註：conceptual meditation 與先前所說的「分析式禪修」同義。

製造一連串相關的想法並捲入這些念頭中。就讓念頭任運生起，如同地平線上出現的雲彩。當你覺知有一個與「希望和恐懼」之主題相關的念頭生起時，只需辨認它。然後放手，並繼續警戒。

你可以選擇在任何時刻結束這一座禪修。

當你習慣這種禪修風格後，讓自己在日常正規作息中任運地修習它。不論在任何情況和任何活動中，對希望和恐懼的生起保持留意。你很少生起這些念頭嗎？或是這類念頭對你來說很平常，甚至到處遍布呢？

＊去制約化

這種禪修引入了一種新方法，可以把限制住我們的制約反應鬆綁。先前我們採用比較合乎邏輯並更具針對性的去制約法，利用修習安忍和敞開、四念住、六波羅蜜、四無量心等的練習，來使我們具備更大的彈性，且能管控自己的行為。雖然這些方法也可以做到相當細微，但不像「對希望與恐懼做禪修」那樣精妙。當希望與恐懼在心中生起的那一刻，這種禪修就自發地將慣性模式從根源釋放。它不需要發號施令，純粹經由直接辨認就能達成。這種精妙的法門需要敏銳力與堅毅度，但它具有雙重優勢，一則增進我們的自我認識，同時緩緩減弱我們自動捲入希望與恐懼的習慣，最終將之完全消除。

我遇過一些人，他們的快樂看起來深刻而穩定。你或許也認識這樣的人，他們對生活感到滿足，並且散發出詳和。那可能是因為，不論快樂或痛苦，他們都不固著其中，他們接受「快樂和受苦都是生活的一部分」：而且他們知道，過度的希望與恐懼將造成他們憂慮未來、悔恨過去，卻在當下缺席。這種洞悉的態度比較容易適應逆境，但這並不表示生活變得枯燥乏味、情緒被壓抑以避免痛苦，狂喜和苦痛發生的當下還是會感受到，但不耽著其中到誇張的程度。它們無法干擾生命那敞開而輕鬆的流動，相反地，快樂與受苦被視為生命的一部分。

當我們在正念禪修中分心時，我建議單純回到對境上面、不必大驚小怪。我們相信一次又一次重拾專注點的過程，假以時日，確實會自然提升我們的禪修。同樣地，如果我們把生活中的高下起伏看得太嚴重，緊盯著不放，它們就會變成背景憂慮，成為隨時會跳出來的糾纏不休之干擾。若沒有拋掉它並保持敞開臨在，反而把壓力引入，會讓它駐留下來成為一股暗流。

請回想「四無量心祈願文」最後兩句說的「無苦之樂」和「無量平等捨」。經由那種類似於對「希望與恐懼」做的比較精微的禪修，可以達到我所指的深度滿足。第四部分「靈性之道的價值」將提供解說與實修方法，讓我們開始更貼近實際投入此種修行。

第八章　相互依存性之謎

隨著你閱讀本書，吸收其中的內容，並嘗試靜坐和實修時，你可能會生起較深一層的疑問。你讀到的某些內容可能引發你本能的好奇心：「我是誰？」、「什麼是我？」、「藏匿或超越我的人格特質之外，有沒有其他東西可以代表『我』呢？」這裡所說的，可能呼應你對自己內在生命的觀察，以及那如何關係到外在世界的人與事。在本章中，我們將探討一個關於生命的見解，即所謂「相互依存」（interdependence），或許有助於回答以上某些問題。

一九八〇年代開始發展的網際網路，就是相互依存性的一個絕佳範例。網際網路又稱全球資訊網（World Wide Web，統一資源定位符或網頁位址 URL 前面的「www」）。眾所周知，網路將數位世界的虛擬實境互聯起來，無遠弗屆，難以描述。它不但由無數各式各樣的數位設備所組成，更包括參與其中的許多人類。那是數十億人口以及數量更大的數位硬體之組合，當然軟體也是其中一部分。這些總是一直在變化：新的硬體和軟體汰換掉舊的，而且其速度通常非常快；參與的人類族群也一直在變遷，新的使用者誕生，老的使用者死亡。我們在這裡見到的無常，也是虛擬實境的一個面向。

在全球資訊網中，任何一部分的運作都依賴著其他的部分，其主要應用（例如電子郵件和網頁瀏覽器）依賴著高容量的大型主機，主機依賴硬體系統，而硬體依賴發電廠與生產這些設備的其他製程，包括礦產開採和矽加工成晶片、精煉石油來製造塑膠外殼等。這種物質之間相互依存的循環可以延展得更遠，例如，執行所有活動的相關人員、以及支援他們的一切，甚至包括他們吃的食物，都可以納進這個循環。

但更有趣、更具啟發性的，是瀰漫在人類與網路互動中的虛擬實境之舞。我們每天參與這種虛擬現實，運用自己的視力和視覺想像，以視覺接觸螢幕上的它。剛開始我們被訓練成透過電影和電視等類比媒體達到此效果。即使是舊式座機電話，也引發我們對正在交談者的外貌之想像。現在，我們做研究的時候，不再到圖書館藉著卡片目錄搜尋資料，而是在網頁瀏覽器中輸入關鍵字查詢，就能拿到資料了，其中還包括影片資料。

這一切是從哪裡開始的呢？是什麼取代了圖書館的書籍、字典、百科全書、報紙等等？是什麼取代了直接接觸交談對象的面對面溝通方式？實際上，我們並不真正確切地知道這是何時開始的。

虛擬實境這個詞用得非常好。虛擬在字典上有一個定義是「有作用，但不是真實的」。[41]它的同義詞包括潛在的、可能的、隱性的、言外之意、約略的、未顯化的。一個虛擬實境並不怎麼在那裡，也不怎麼真實。

網路的所有「組件」都是相互依存著。如果觀察網路的每個部分或環結，將會發現它們是相互觀待而生。此說法適用於「螢幕上依視覺生起的事物影象」和「我們的心識反應」——我們想像中顯現的事物——之間的關係，也適用於網路的物質組成。要將所有這些組件聚齊，需要幾個世紀以來那些開創物理學和化學的人類心識，以及應用這些科學知識的現代設計家。此外，看出網路經濟潛力的商人的心識也參與其中。

當然，你還可以想出更多對全球資訊網有貢獻的組件。但重點是，網路的存在依賴所有這些組成成分。網路並不是獨立自主的，它不是某個實有的東西，不自成一體，也不獨立存在。所謂虛擬實境，表示若以我們通常所謂的真實性——對獨立「事物」的指稱——來說，它不是那麼真實。那麼，網路是什麼樣的實境呢？我們真的可以用捕捉其他實體的方式捕捉到它嗎？顯然不能。

41 韋氏新世界大學字典，第三版，紐約：Simon 和 Schuster，1996 年。

但這個問題甚至可以延伸得更遠，可用來探討像智慧型手機這樣一個「實有」物體。一兩年前，它以一堆原料的形態存在，或許堆放在中國的某個倉庫裡。這些材料經過加工後，在某個工廠中被組裝，然後運送到你購買它的那間商店。但即使是新買的手機也不是穩定的，如果把它摔落地面，螢幕可能會破裂，某個內部零件可能會鬆脫。你也可能不小心把咖啡潑進去。手機電池會逐漸退化，軟體總隨著更新而變化，你與它互動的內容也總在改變。你的手機經歷許多變化，它並不永遠如一。當你將它拿去回收，另買一支新手機時，它將再一次被拆解，組件被分開，或許放在回收場中不同的桶子裡，分別標示著「塑膠」、「電線」、「晶片」、「鋁件」……等。而軟體則消失於空氣中。你的手機就是它自己的虛擬實境。一路走來，它好像只不過是我們想像中的智慧型手機，所有組件也好像只是我們對它的命名。你的手機本身的「真實性」是虛擬的。

你可以將這種探索，延伸到萬事萬物間的相互依存關係。這可能是個值得深入思維的有趣話題：「你能找到任何東西是獨立存在的嗎？」請試試看。我相信你會得出這個結論：一切事物都相互觀待而存在。這項探索的結果，呼應了前一章我們以不同途徑探索的發現，再次顯示事物並不是以我們通常慣性假設之方式存在。

我們曾被教導相信事物都是獨立的，以為它們本身就是自己，自成一體且獨立自主。

然而，當然囉，為了世界能夠運轉以及我們能夠交流，我們只得採用這個不正確的、粗略的世俗見解。但這個世間用的標準見解，卻是虛幻不實的。

以下引文，是釋迦牟尼佛於西元前五百年左右對相互依存之見解的一個美妙總結：

此有，故彼有，
此生，故彼生；
此無，故彼無，
此滅，故彼滅。[42]

由於我們，才有快樂與受苦的體驗

為什麼了解此點很重要？如果我們相信萬法都是獨立而且「真實」的，而人類世界依此運作，為何需要尋求一個更基本而精準的真理呢？這是因為相互依存的概念也適用我們個人，人類也是個虛擬實境。適用於智慧型手機的一切，都適用於我們的身體。我

42 出自佛陀關於緣起法的開示（巴利文為 paticcasamuppada）。

們的心——那是定義「我是誰？」的地方——也是相互依存的思想、情感和觀點的集合體。無怪乎人們以人類的心識為模型發明了網際網路。遍及一切處的萬事萬物——包括網際網路和我們的心——都依賴著其他事物。「當此有，故彼有。」萬物皆缺乏自我實體[43]，沒有我們依假設所安立的自成一體的身分，而所謂的萬物也包括「我們」在內。如果忽略這一點，起碼會讓我們過於認真看待自己。最糟的情況是，如果堅信有獨立的「真正真實」的事物，往往導致災難性的人際互動與行為。例如以快樂與受苦來說，人與人之間仇恨與暴力的根源是什麼？落入暴力反應的要件是：你的自我意識受到威脅、侮辱，被某種方式激怒或傷害。這裡有幾個常見的例子。

你走在一個開放的市場中，正在沉思生活中的某個問題，忽然有人不小心推擠到你。你的反應是推回去，甚或揮手打過去，來捍衛你的「自我」。

某位「種族錯誤」的人行經你的鄰里，你心中想起帶著種族歧視的綽號，甚至真的大喊出聲，或許還會以肢體方式威脅那人。

出於愛國主義（你的國家認同）的意識，你加入武裝部隊，激越地投入戰場，與那

43 譯者註：self-entity，以自身形式存在者，有可區別性且獨立存在，但不必然是具體存在或物理存在。實體可用來指涉人或其他生物，或無生命物體、信念等事物。實體有時亦指存在或本質的本身。

些信仰你所不喜歡的政治體系或宗教文化的「敵人」（或是基於種族仇恨的敵人）作戰。（當然，「敵人」對你也是同樣的看法。）

一位朋友、親戚、配偶或鄰居的言論傷害了你的自尊或觸碰到你生命的痛點，你還之以憤怒咆嘯與激烈的辱罵。

除了以上所列，還有很多容易想到的負面情緒的例子，例如嫉妒、驕傲、貪婪、昏昧無明等。這些都是常見的受苦之根源。

如果我們不認為自己是獨立存在的——包括：我們如何能以自己的思想、情緒和觀念從內在自我界定？我們如何能忽略自己的本體是與其他眾生相互依存的？——那麼，我們將沒有個人受苦的所依處。因為，有誰在那裡受苦並且帶給別人痛苦呢？看破我們「有獨立身分」的迷思，把自己看得更輕一些，一個絕妙的、充滿快樂的人生將指日可待。

那麼，我是誰？「什麼」是我呢？

眾所周知，如今自然環境的議題廣受關注。環境這個詞彙，指的是圍繞某物或某人的事物。更深入地說，那個某物或某人，也是其周圍事物的一部分。一個環境，是一種交互連結的巨大回饋圈。萬事萬物都是一切其他事物的一部分，並且依賴著其他的一切，我們很容易在自然世界看到這一點。但特別可悲的是，由於我們忘記了自己與地球環境的相互連結以及我們對它的依賴，導致我們如此粗心大意行事，就好像人類的活動與地球的平衡和健康沒有任何關係。

心，也可被視為一個虛擬的環境。念頭、感覺和觀念出現又消失，飛快掠過。從哪裡掠過呢？我們通常回答說，它們掠過心頭或覺知。然而，正如我們無法指稱「這個就是網路」一般，我們難道比較可能找到某個與心或覺知對應的東西嗎？我們再次觸及虛擬實境之本質——「有作用，但不是真實的」。[44]

如果我們的快樂很大程度地依靠我們的心——如果心指導著我們的行為（而行為能帶來快樂和受苦之因）——那麼，好好去了解我們的心，的確是個好主意。為此，我們必須思擇觀察，看看是否確如我所建議。在此方面，禪修的幫助很大，特別是概念式禪修以及一些更深入且直接的法門。我們再次認識到，快樂和痛苦取決於我們的自我認識。本書一開始就談到，自我認識——與 apps 設計者對我們的認識有關——是平衡我們與數

44 神經科學傾向於將心靈與大腦等同視之。然而，儘管它們之間有明顯的關聯，仍沒有確鑿的硬科學證據表明它們是相同的。

位世界互動的關鍵。

開始做此探索時，我們可以將對心的理解區分為兩個面向：**世俗的**（conventional）或稱制約的，以及**勝義的**（definitive）或非制約的。這個範式能幫助我們理解「我是誰」以及「我是什麼」嗎？這個模型說明，我們在世俗的觀點與活動中，以相對層面的真實看待事物，已成為人類社會自行制約的運作方式。它也顯示我們經常犯的一個大錯誤，即錯認世俗真實是基本真理，並且「實有」。這樣做導致我們常常對自己說：「我就是這個」、「我相信那個」，儘管我們時常在變，持續不斷改變成別的樣子。

我們可以觀察到，譬如當我們處在舒服狀態與感到不舒服的時候相比較，構成我們識別這兩種特性的元素會有不同。事實上，在我們遇到的每一個處境中，都能夠觀察到這種易變性。你一定聽過這樣的評論：「她今天簡直『不是她自己』。」我們真的曾經是個不變的、獨立的自我嗎？透過在不同情境中正念觀察自己，你將會有所了解。

◎上座禪修「相互依存性」

請選一個適合靜坐的時間和地點，首先放鬆身體並專注於呼吸。一旦情緒穩住，請依以下方法練習正念：

開始觀察你的念頭，讓它們自由流動，不要阻擋或打斷。只需注意著它們，不要有任何反應。請注意是否有任何關於你身分認同（identity）——「是『誰』在靜坐？」——的念頭在心中出現。

如果這些念頭沒有出現，在某個時間點，請觀察你如何鑑別自己（那位觀察者）。「你」是與某個特定的身體部位相關聯嗎？或是與整個身體相關聯？你是否用某個關於「我」或「咱」[45]的概念界定自己，而那可能只是一個字音，或者也許是某種視覺上、情緒上或其他的知覺？你心中自我界定的身分與某一段記憶相關聯嗎？例如，在不同情境下的「我」？其中某些身分或許與你生命中某些重要的關鍵時刻有關。

你的自我認知有時可能是其中某些狀貌的組合，而那可能會改變。

在進行禪修時，如果你發現不同的「我」的身分，這些身分是否始終如一？

這樣修習一段時間，最後問問自己，你是否觀察到有某個恆常的、俱生的、獨立的「我」存在？（如果有的話，是誰看到它呢？）

45 譯者註：此處英文分別以主動指稱的我（I）與被動指稱的我（me）表明兩種不同情況的「我」想。

如果你覺得相互依存的觀念有道理——特別是隨著針對此概念禪修一陣子之後——你可以從「世俗真實」相對「勝義真實」的視角，建立一個更好的自我認識之基礎。在某種意義上，兩者並不分離，也不互相衝突。

世俗真實從我們更深刻的原始本性（我們與生俱來的智慧與直覺）中生起，當我們學習或從事任何事時，有一種覺知——一個「靈光一閃」的火花——會在現象出現的當下意識到它們。這種非制約的部分或許出現得太快，使得我們沒注意到。這種靈光一閃的覺知並不詮釋現象，也不評估或歸類，它只在最直接、最基本的認知上「知道」。就像你的手指被一個熱平面灼傷一樣，你直接體驗到它——痛啊！認出「它很燙」是在下一刻才發生的。「燙」的**體驗**本身是非制約的。了悟「它是什麼」和「它是什麼原因造成的」，需要經過一段時間後，才會從經驗與學習的制約中跑出來。要在實際經驗中體會這種「通曉的覺知」（knowing awareness），需要透過實修和精細的指導。在第四部分，我們將深入探討此主題。

建立相互依存的見地

了解相互依存關係，對於我們生活中的許多方面，包括人際關係，都大有裨益。對於人類社會和我們賴以生存的地球家園，也同樣適用。由於了解萬事萬物都互相關聯，這種認知會策勵我們正向思考與積極行事。

在西藏，我們傳統上被教導要尊重自然環境，留心避免汙染空氣和水源，盡最大的可能以正向方式和自然世界相處。我們的飲用水來源經常依靠湖泊和河川，因此我們不把汙穢的東西扔進去。這樣做，除了保護水源之外，也是為了尊重其他的水中生物，怕我們的汙物有毒，而其他動物同樣依賴乾淨的水源。基於相同的理由，我們也避免燃燒垃圾等有毒物質而汙染了大氣。通常，少做就是多做。這是明智的，因此是正向的。

透過了解相互依存性，我們知道，如果不去關切汙染造成的後果、土地管理不善以及草率不當的開發……等，負面反撲一定會發生。不論早晚，這個惡果終究會到來。若能避免犯下此類錯誤，世界自然會自動支援我們，提供食物、飲水以及居住處所需的材料等。那包含著美感與鼓勵。

不可否認，當地球處於自然的平衡狀態時，是一個美麗驚人、多元又豐富的星球。人類和各處所有的有情共享這一切，但我們傾向於把事物區隔，以為其間存在著想像中的邊界，例如「這是非洲，那是亞洲、北美洲和南美洲、澳洲、歐洲」，更別提我們會區分不同的國家和不同的地理區域。我們只在意「這是我的土地」！但是，這些邊界只存在於人類心中。事實上，一切事物都是一個相互連結、相互依存的整體。

相互依存的觀點亦將大大促進人類的社交領域。理解並採納這個觀點，會激發我們投入前述第二層次的敞開——與他人正向往來。

如果你收到別人餽贈的美麗植株，你想培育它，使它的美麗繼續照亮你的家，你必須覺知其中牽涉的因與緣。如果不提供植株適量的水分、陽光及合適的土壤，你將剝奪了植株有條件成為「美麗健康的植物」之因。為了備足這些因緣，需要一些知識、計畫與工作，特別是正向、熱切的動機，同時也需要一些愛心。

若以人際的種種互動來說，相互依存的見解不僅很有幫助，而且確實必要。當這一點被忽略時，人們傾向於只聽從自己心中所想的，或是從社交媒體或電視上所看到的。這是一種草率而無知的態度，它忽略了情境，其本質上是自私的。當我們這樣封閉起來時，我們與萬物相互依存的本質被切斷了，與他人正向、和諧互動的機會便被窄化了。

相反地，當我們受到同理心的引導，重視他人的需求、願望和感受時，我們是他人的一部分，他人也是我們的一部分。事物的真相就是這樣，此時我們合乎真實義理。如果你偶而問問自己：「如果有人對我這樣說或那樣做，我將有何感受？」你可能會了解對方的感受與他們的反應。無論是個人之間還是群體之間的互動（包括正面、中庸或負面關係），這個道理都適用。它不僅在與他人互動時可以生起快樂，同樣也適用於圓滿完成我們的工作、專案計畫等各種任務。為了完成任務，我們幾乎永遠需要他人的配合。快樂和成就等結果，需要依賴特定的原因。

透過感受與他人的連結，修習相互依存性，我們都會獲益。這在現代生活尤其重要。寂寞和孤獨是當今世界普遍存在的大問題。隨著時間的推移，這些現象可歸因於多種因素，而數位革命使情況惡化。是的，我們可以透過數位設備進行「交流」，但這種交流是圓滿而令人滿意的嗎？我們已經習慣並接受它，很多情況是我們別無選擇，但當我們缺乏面對面的接觸時，是否正在錯失某些對人類而言非常重要的東西？

建立相互依存的觀念，需要敞開胸懷迎向這個觀點，並仔細觀察你的內在和外在環境。請觀察事物如何在內在、外在以及二者之間相互連結，觀察一下「這個」和「那個」是彼此分離，還是相互依存。

第四部分　靈性之道的價值

靈性之道通常關注的是探索生命的非物質方面。其一貫概念是：有某一種「東西」超越、潛在或瀰漫於色法，它是一種比較隱微而有力的「東西」。當我們投入靈性之道時，我們開始對「某種東西」之觀點得以一窺堂奧。

當我談到靈性之道時，我在此所指當然是佛教。我來自西藏佛教文化，是該精神傳承的老師。在本書中，我把佛教觀點和修行方法應用在解決現代數位化生活的實際問題上。我認為這些觀點和方法非常合適，因為它們深入問題的核心，提供穿透性的洞見，因此可以成為極有效的解決方案。

這是因為佛教非常關切「去除痛苦」與「創造快樂」的因緣。兩千五百年前，佛陀在初轉法輪時講述的，就是受苦之因與痛苦之滅，而非宇宙論或宗教哲學。你可以說佛法專精於追求「離苦得樂」，因此我相信它是解決現代生活中許多常見問題的理想途徑。而且，以佛法的觀點來看，日常生活和靈性道路是互相連結在一起的。

創造快樂的因緣需要智慧。智慧有不同的層次，從相對較為粗糙、較不精純的層次或世俗層次，到更為精純、隱微的勝義層次或絕對層次。佛法運作所依據的前提是，智慧越精純，越有助於有效達成我們希求的成果。也就是說，如果你了解潛藏在問題底下的原因，你就處於比較好的解決它的位置。

同樣的道理也適用於我們對生命的理解，有時稱之為「真實性」。相較於我們平素看待事物的方式，佛法的道路引領我們走向更有洞見、更精純的見解。它引領我們發展和敞開心靈，到達一種內在（精神）和外在（物質）真實之間無二（nondual）連結的覺知狀態。發掘這種統合性，是這條道路最重要的目標之一。這種覺知有強大的轉化力，當我們對其敞開時，數位活動的利與弊將清楚展現在我們面前。

請以開闊的心胸閱讀第四部分，不用以成為佛教徒或積極追隨某靈性道路為目標，而是為了探索生命中一些更深層的問題——那些你可能不斷問自己的問題。

第九章　智慧

智慧在靈性傳統中具有特殊意涵，特別是佛教。雖然我們常說某位擁有豐富知識的飽學之士很有「智慧」，但在佛教修行中，智慧指的是對內在與外在生命、對我們自己以及萬法的直接了悟和體驗。這種智慧非關數據，也不是對現象的概念性理解。它超越一般的知識，例如在物質世界中辨認事物以及好壞之類的概念。這個主題我們在第七和第八章中已經淺談，探討了快樂與受苦的本質以及相互依存性。

能通往智慧的途徑是心，不是大腦或概念心，而是心靈[46]——那直接了知的心。我們都經歷過直覺直接向我們揭露事物的短暫片刻，直覺是這種心的例子或刻面之一。但是，哪裡可以找到這個心——這個「知者」呢？

經由禪修中的觀察思維，我們可以開始找到它並了解它。這樣做，就會開始在一個

46　參見本書第三章，註釋14。

非常深的層次了解自己。你遲早會有一些驚人的發現，因此應該開始鼓勵自己敞開，並慈悲對待自己，「讓自己更深入認識自己心的本質」。我們有時也將心的本質稱之為「我自己」或「我」。

概念式禪修：修證「我空」和「法空」

找一個不受打擾並且可以舒適坐著的時間。把心放輕鬆、不慌不忙。花點時間思維以下所列的每一個概念。它們相當濃縮，因此你需要將它們拆開，讓自己沉浸進去。

開始這種禪修之前，極為重要的是，我們首先要了解，「我空」和「法空」[47]並不是指個人和外在世界不存在。相反地，它們的涵義是：內在世界和外在世界確實存在，但不是以我們通常假設的方式存在。

以我們本身來說，儘管我們很容易察覺自己總是在變化——我們的心情、念頭、情緒等都在變化——但我們仍然相信這一切的背後是一個恆常的、獨立存在的「我」，好像有個「我」在主演這一場秀，或至少嘗試演出。

47 譯者註：佛法上又稱為「人無我」和「法無我」。

我們通常也認為，自己觀察到和接觸到的外在世界是建立堅固的，由一些獨立的物件或東西所組成。例如，我們假設木製桌椅這類物理實體具有獨立存在性，雖然我們很容易看出它們充其量只是樹木歷史中的幾個瞬間而已——全都是礦物質、土壤、水、陽光等動態連續體的一部分。

事物總在變遷。回想一下，即使物理學界一直致力尋找物質最小和最基本的組成元件——他們曾經稱之為「原子」——也無法找到任何不變的、固定的和獨立存在的東西[48]。不僅對桌子和椅子來說是如此，連構成我們身體的物質也是一樣。

為了開始理解心通常如何與物體互動的概念，請看看你的手。看到什麼了嗎？你看到任何使它成為一隻手的東西嗎？嗯，它的形狀像我們習慣稱為「手」的東西。但那形狀並非真正靜止不動，不是嗎？我們在日常活動中總是在移動雙手，例如打字、點擊滑鼠、舉起叉子等等。所以它的形狀總是在改變。

嗯，但手是由五個手指組成的，沒錯吧？如果真是這樣，我們所熟悉的手就是依賴五個手指安立它的身分認同（identity），但它也依賴著手掌。你也可以說它是這些元素

48 自從二十世紀之交，馬克斯．普朗克和阿爾伯特．愛因斯坦引介量子物理學和相對論之後，這對科學前沿的現代物理學來說是正確的。

的組合，但組合是一個相當抽象的概念，我們並不常將手視為一個「組合」。我們也可以將這個相互依存性的概念，分開應用於手指或手掌，它們也由構成其身分認同的支分所組成。我們可以說，每個手指都依賴它的關節，然後可以一直追溯到細胞的層面，例如皮膚細胞、骨細胞、指甲細胞等等。細胞是由分子構成的其他物質所組成，而分子由什麼組成呢？原子嗎？然而，正如我們已經知道的，原子是一個現代科學無法真正確立的老概念。根據現代物理學，原子具有亞原子部分，其屬性與我們通常認為的「物質」不符。因此，事物底下存在一個堅實的、物質基礎的理論已經站不住腳。

但我們仍然稱它為一隻「手」。仔細觀察這個鑑別的過程，我們開始發現，手取決於我們的心，取決於我們如何構想它（例如基於童年時期養成的諸多制約反應：「把你的手從那個熱爐子上拿開！」）。再來談談手指，當我們的手指被一根刺戳到時，手指會痛，但我們卻說：「我的手指痛。」可是使手指成為「我的」的那個「我」在哪裡呢？身體的哪一部分可以稱為真正的「我」[49]？畢竟，有時人們失去了身體的某個較大部位，例如一隻手臂或一條腿，仍然可以健康活著。他們仍然有「我」或「自我」（ego）的概

49 譯者註：原文此處用了被動語態的我（me）和主動語態的我（I）。

念，仍然相信其身分認同的「我」，即使其身分認同所依賴的身體已經受傷而改變了。

但是，如果有一個如同我們一向假設的那種「我」存在，如果這個「我」是某個實體或「東西」、某一個真實的東西，那麼它一定有某些特徵，對吧？首先，它必須位在某個位置。哪有真實的東西沒有一個位置呢？現在仔細觀察你的身體，看看你是否能在它的任何部位找到「我」。「我」在哪裡？比如說，如果它在你的頭裡面，那它在頭部的哪個部位呢？如果它在你胸部的中央，是在中央上方還是下方？它有多大？它是什麼顏色、什麼形狀？花一些時間思維這些，並仔細觀察。你得到的結論可能是：「是的，有某一種『我』存在，但我不知道它到底在哪裡。」

然後我們可以轉而探究我們的心。那個想著「我」的是誰呢？誰認為這是我和我的身體？那個思維的意識位在哪裡？它從哪裡來？它在哪裡停留？它會去哪裡（例如當你不思考時或在無夢睡眠狀態時）？在放鬆而平和的狀態時的「我的心」是「我」嗎？或者在興奮而活躍狀態時的「我的心」才是「我」呢？我就是我的心嗎？我的心是什麼？花一點時間思考透徹這些問題以及它們的意涵。

你可能認為，這些我們一直接受為真實事物的問題，應該有簡單而明確的答案。如果某事物是真實或實有的，我們越常思考、越仔細觀察，它應該變得越明顯，不是嗎？

然而，透過分析，我們可能無法找到簡單或明確的答案。有沒有可能我們只是出於習慣，隨手為它貼上標籤，然後相信這些標籤是某種真實的東西呢？

⊙概念式禪修的修習要點

到某個階段，你可能會發現你的心或「我」超越了解釋、超越了言語，無法搜尋也無法找到。它似乎自然地敞開且遍滿一切，而這遍滿一切的能量又是專注的、動態的、睿智並具有洞察力的。至於它在哪裡，它從何時開始、在哪裡結束，或它是什麼，或許並不真正重要。當我們讓自己充分臨在這種心的體驗與其豐富性時，那會帶來一個不同的視野，一種無邊的廣闊。釋迦牟尼佛及紹繼其後的禪修大師們教導我們：心的本質是「空與明」、「心本無心」，以及「甚至諸佛也沒見過心或是『我』」。

佛法有時稱這種心的體驗為「中道」。「中」的位置在常見（永恆主義）與斷見（虛無主義）的中間。當我們執常見時，我們將「絕對存在」的信念投射到一個我或一切現象上面；執斷見的時候，我們將「空無一物」的信念投射到一個我或諸法上面。在兩個邊見之間的中道，才是找到真實義的地方。事物沒有絕對的存在，也不是沒有。直接體驗中道的境界時，你會發現自己在一個不是處所的處所，並且在一個超越時間的時間。

換句話說，你自由了。

練習這樣的禪修是為了證悟「我空」和「法空」。當我們透過直接的體驗，開始認出這些品質時，心就解脫了。我們領悟到：「好的，現在我可以放鬆自在。沒有必要總是執取著這個『我』或珍愛這個『我』」。「我」和其他一切存在於一個場域，那是不能以永恆主義或虛無主義加以描述的，但是我們常把這些術語用在相對的存在，用在我們一般的日常生活之中[50]。

這種禪修會自然而然幫助我們克服我執，那是指我們對於「自我」或「自己」或「心」，以及對「身體」所產生的貪著。我執把我們的思想制約成為一種信念，相信一切都是真實存在的，固持著苦、樂、瞋、貪……等是「真實存在」的信念。我們經驗到的世間痛苦，就是這些習性帶來的。

在這種禪修中體驗到的智慧心，具有看清宇宙間一切事物和一切有情之本質的潛能，智慧和心在無二的證悟中結合。我們平常在內在世界（我們對自己和對「我」的主觀意識）與對境的外在世界之間製造的區隔，似乎成為一種幻覺。它們不再分隔，而是

50 當然，我們並不是直接使用這些術語，但它們的確反映出我們的態度與信念。

緊密連結著。我們也會發現，這顆自然放鬆且鬆弛的洞開之心，自然而然就是慈悲的。有時我們將之稱為「覺醒的、與生俱來的本性」。佛性、本初清淨和心性，是佛教傳統中用來形容它的幾個同義詞，與這種體驗結合的悲心和慈心會毫不費力地湧現。不需要我們從自己這邊作意思考，例如「我應該要慷慨，並盡我所能地幫助別人」，當我們處於無二的證悟狀態時，無需費力，只需歇息其中，我們自然會去利益有情。

請記住，這種修智慧的法門超越概念，因此，我在此處使用的詞語，並沒有且無法將之真正描述出來。若投入前述概念式修行（例如專注且不散亂地修正念），也不一定能找到這種「向內在智慧心敞開時所發現的自在、寧靜、廣闊無邊」之境界。

水中月

這是另一種理解智慧的方式。我們都見過水中的月亮倒影，它可能映在夜晚平靜的湖面上，或是雨後傍晚沿著小路行走時映在地面的水窪裡。如果水面是靜止的，倒映的月亮看起來與天上的月亮無異，它顯得非常「真實」。我們知道水窪裡並沒有月亮，但我們仍將某種真實感投射到影象上，就如同在鏡中看著自己面龐時所做的那樣，也是一種簡單的投射。

佛教用「水中月」來比喻我們個體的「自我」與所有外在現象的本質。這些顯現看起來極為清晰，然而，透過一些分析，它們似乎缺乏上述永恆主義所主張的自性的存在（inherent existence）[51]。它們不「從自己那邊」存在，而且在影象或信念之中或底下，並不存在任何實體。它們是相互觀待而生。

另一個相互依存性的好例子是彩虹。要能觀察到彩虹，需要滿足三個要素：空氣中的水氣、陽光，以及位於正確位置的觀察者。陽光經過水氣的折射映入觀察者眼中，成為彩虹。那麼彩虹到底在哪裡呢？彩虹它自己存在嗎？不，彩虹依賴這三個因素，如果缺少其中之一，就觀察不到彩虹。

這是另一個「兩邊」之間的「中」的例子：看見一道彩虹，導致我們相信彩虹從它自己那方存在。但它不是。然而，它也不是不存在。所有其他的現象（萬法），包括個人身分認同、「我」，都是以類似的方式存在，它們依賴其他的法。一切都是相互依存的，甚至連我們對「相互依存性」的體悟也不例外（這個體悟依賴著觀察思擇或智慧的直接感知）。

51 譯者註：或譯「自性有」。

若要獲得或激發我們內在的智慧，或是保有快樂之因，訓練這種體悟非常重要。認出事物之間相互依存的連結，使我們對於快樂和受苦的因與緣有所覺知。然後我們可以依循智慧行事，那麼我們將從自己的業行中得到正面的回饋。這是因與果的關係。如果我們知道如何善待他人，並且依此去做，他們可能會同樣地回報。而且，只要保持這種態度，也會將一種不同的能量帶入我們的心與身——我們整體的存有感。

受到智慧強烈影響的環境，將成為一個極為正面的處所。在這個處所，我們很容易發現成癮性 apps 和社交媒體對我們心的誘惑。因此，了解智慧的意涵並且實際去修習，至關重要。（這是業的面向之一，我們將在下一章探討。）

由於一切事物都是互相連結且相互依存，不論我們做什麼或說什麼，所影響的範圍都超出我們生活的私領域，超出我們的自我。所以請問問自己：「我如何將自己的心保持醒覺，將心靈保持在悲心與慈心中，使我能夠在這個相互連結的宇宙中，盡最大可能地利益自己與他人？」

重訪六波羅蜜

回想第五章談的六種珍貴品質：慷慨、耐心、勤奮、紀律、專注和智慧。當時我建議你修習它們，作為鬆開日常生活中匆促、緊張、失衡等制約的方法之一，特別是當我們受到當今數位世界的影響，並陷入其中時。六者源自佛教教義中的「六度」[52]（梵文為「**波羅蜜多**」）。修行六度的時候，不緣著主體（修行者），不緣著所修的行為或動作，也不緣著接受者，稱為「超越（輪迴）到彼岸的」法門[53]。此三者——主體（修行者）、行為、客體（對象）——在佛教中稱為「三輪」[54]。

舉例而言，若以這樣清淨自然的方式修布施，你就不會認為自己是主體、修行者、「施者」或「慷慨的人」，只是把某樣東西從一個人移轉到另一個人，你也不視之為一種「布施行為」，你也不會將接受者視為受施對象。此時，這個布施的方式超越了任何對自己、他人、布施行為的執著。這似乎很難想像，但所有人在生命中都曾做過這樣的事情。我們可能偶遇一位飢餓又貧困的人，於是不假思索地打開錢包或皮夾，把錢送給那個人；我們都曾經幫忙行動不便的人穿越馬路，或許也曾幫助過一隻掙扎著想爬起來的甲蟲翻身。我們「秒覺知」這種有緊迫需求的處境，並且自發伸出援手。這來自我們

52 譯者註：the Six Transcendent Perfections，字面直譯為六種能超越的殊勝。
53 譯者註：transcendent，字面解釋為「超越的」，菩薩修行六度，能度過輪迴大海，到達涅槃彼岸。
54 譯者註：三者都不緣取，佛教稱為三輪體空。

與生俱來的慈悲心，雖然大部分時候慈悲心被我們的制約給覆蓋住了。

修行其他五種圓滿時，如果不緣著主體、客體和行為，也能成為到彼岸的法門，這是它們為什麼稱為「圓滿」的主因。

我先前已闡述過六者實際上如何統合成一個整體，此處依然如此。但是六者中最核心的是**智慧**。如果說其他五者像一棵樹的枝椏，那麼智慧就是托住一切的樹幹。然而，如果沒有好好持守全部六個圓滿：能超越的布施、忍辱、精進、戒律、禪定、智慧，果實就不會出現。六者都是前述完全敞開之心的自然品質，那是完全沒有我執的心。因此，無需有意識地在我們的行動中保持全面參與這六度，它們會自動統合成為單一的套件，它們會一同任運生起。

但我們如何達到如此純淨而超凡的品質呢？該如何修行，使本章描述的無二智慧在我們心中綻放？閱讀這些描述可能會激發我們，但如何朝正確方向前進呢？我們可以做什麼？由於每個人都有一顆不同的心、不同的背景，而且潛能也不相同，因此，對智慧的追求是高度個人化的。佛教提供了許多修行的「車乘」，可以促其實現。某一種法門可能與某人相應，而另一種法門可能對另外一個人有效。然而，我相信一種稱為「**大圓滿**」（Dzogchen，藏語意指「大的圓滿」，梵語為阿底瑜伽〔ati yoga〕）的離概念式禪修[55]特別適合現代世界。對於我們現今擁有的敏捷心思來說，這種法門運作良好，並且能夠直接切斷充斥於現代生活中的複雜習性和概念。我將在稍後的章節中介紹這種修行的法門。

◉對「無我」做概念式禪修之總結

請記住，「我空」和「法空」並不代表我和萬法不存在。

如果「我」總是在變化，為什麼我相信有一個單一的、自成一體且獨立的「我」呢？如果物理實體總是在變化，為什麼我相信有獨立存在的實體——真實的「事物」？一個普通的物體——例如我的手——的身分識別依賴著什麼？如果它依賴它的支分，而這些支分又依賴其他支分，那麼用來識別任何物件的真正基底在哪裡？一個物體的身分識別如何依賴著我的心——我是如何詮釋該物體呢？如果我相信某物體（身體的某個支分或某些財物）是我的，那該物件中足以證明它屬於我的證據在哪裡？

55 譯者註：請參考《歇心靜坐》第七種靜坐：離念禪修。第170頁。格龍仁波切著，2018年5月，商周出版社。台灣台北。

「我」在哪裡？它的形狀、顏色、大小等如何？它從何而來？它在哪裡停留？它去往何方？

那個想到「我」的心在哪裡？它的形狀、顏色、大小等如何？它從何而來？它在哪裡停留？它去往何方？

心是什麼？「我」就是我的心嗎？

如果這些關於「自己」與「存在」的非常基本的關鍵性問題，你無法找到滿意的答案，那意味著什麼呢？這讓你感覺如何？

第十章　慣性模式與業

我們都聽說過「業」這個名詞，它可能在一九六〇年代進入現代流行語彙，當時西方社會突然出現一股對東方哲學和宗教的強烈興趣。如今，業時常被用作命運、氣數、天道、運氣等的同義詞，它可以指稱善行或惡行，例如「這樣做是造善業」或「那樣做是造惡業」。在流行文化中，這個詞沒有深刻的意義。

然而，在佛教中，業是我們理解和因應生命的一個重要而積極的推動力。業，在梵語中指「行為」或「動作」。這裡所稱的動作，是因果關係中的因。因與果的概念每個人都了解，因為它很容易觀察到。我們隨時隨地都能看到因果在發揮作用，這是生命的指導原則。當我們期盼某件事情發生時，就會去做我們相信能夠使之實現的因。

依據佛教的看法，真正的業力作用從習慣的養成或累積開始。如果我想要創造的「成果」是偶而享受在筆電上玩某款遊戲的樂趣，那麼，其最明顯的「因」便是我下載並且點擊那個 app。如果我開始玩這款遊戲且熱衷於它，時不時地回頭去玩，那麼此時我已走到一個重要的岔路口：玩這款電動遊戲只會成為我的一種**慣性模式**，還是它會固化為一種**業力傾向**[56]呢？

關於慣性模式，我們在本書第一部分談了不少，它們被視為制約反應的一個重要元素。由於制約的態度和行為通常牢固又深深烙印在我們心中，因此就佛教意義來說，它們是業的一個好例子。再以電動遊戲為例，一開始我們可能想：「哦，我的欲望在自己的掌控中。我可以自行調節被這款遊戲分心的程度，並限制玩它的時間。」我們寧願相信自己的生活由自己掌控著。

然而，如我們所知，所有這些誘人的數位 apps 都被設計成能巧妙削弱這種控制力，它們極盡可能地擾亂我們，使我們一次又一次回頭。除非你的自制力真的很好，否則可能會發現你花在那個 app 上的時間比預期的多出許多。事態最嚴重時，就像網路色情或賭博成癮者一樣。這些現象也等同於數位版的酗酒和吸毒。

56 譯者註：karmic propensity，或譯「業習」。

如何造業

藏語有一個詞彙 Bagchag，意思是你一遍又一遍涉入某樣東西。其概念是：因為你在某個時間點開始與它建立一種關係，那會引誘你一次又一次回頭去找它。這種散漫帶有某種你渴求的東西。隨著時間的推移，這種慣性模式變得如此強烈，以至於它已成為你的一部分——你的自我認同或人格特質的一部分。

以醃製水果或蔬菜為例。我們調製出一種美味的醬汁或醃料，然後把蔬菜浸泡其中。如果一小時之後拿出來，蔬菜的原味或許並沒有太大的改變。一天之後，改變增加了一些。經過一週的浸泡，味道徹底改變了。比較一下新鮮黃瓜和醃瓜的味道，先前的黃瓜已變成別的東西，甚至連名稱都變了。同樣地，我們的心會被數位世界的干擾醃製。一開始，這個干擾假裝得天真無邪，它告訴你：「任何時候你需要我都可以喔！我隨時候教。」然後，經過一次又一次的回頭，吸引力變得更強，直到你難以抗拒。這個數位 app 已經接管了你心的某一部分[57]。

到達這樣的地步，並不表示你無法重新導正自己，並且改掉這種慣性模式。我們都

57 藏傳醫學對於生理和神經路徑如何支持這種制約反應的解讀，請參閱附錄一。

聽說過人們如何克服了對酒精、毒品、賭博或虐待行為等嚴重成癮的故事。這說明了周遍存在的無常確實很有幫助——沒有任何事物是恆常的，甚至業力也不例外。但是這些慣性模式一旦被建立，要改變它們，需要耐心和紀律，需要付出努力。我們需要以正念將心重新導向、重新「調味」，以改變其願景，使其再次回到自然和自由的境地。因此，我們首先要認知，永遠停留在這種習慣中是不好的，然後運用這個理解來創造動機與信念——能夠從此模式中解脫的信心。

如果我們無法這樣做——或許是因為沒有認出問題，又或許是沒有想要改變的動機——於是它就變成一種業力傾向。這個慣性模式已發展出一些子模式（subpatterns），並產生許多和個人心理狀態的連結，通常牽涉到我們的煩惱情緒。這些都是有害的情緒，例如我們先前檢視過的瞋恨、貪婪、愚痴、嫉妒和傲慢。當我們逐漸被這些煩惱情緒制約，便進入了佛教說的「業力的世界」，這些情緒已變成我們人格特質和特性的印記，「我們」變成了這些「情緒」，就像以下這些例子所描述的：「蘇珊『是個』易怒的人」、「約翰很容易『變成』善妒者」、「老闆『總是』非常傲慢又狂妄」等。

這些業力傾向會大大扭曲我們對於人和現象的看法。習慣性憤怒的人很容易將他們的怒氣指向某個國家，或是某個政治、種族群體。也就是說，一個人的憤怒，甚至可以瞄準自己並不認識的人！「我討厭來自這個國家的人，他們全都很可怕！」這類的思維充斥在如今的世界，時常被社群媒體放大，也貫穿了人類的歷史。在這種情況下，心靈變得扭曲、狹隘，而且封閉。

長期累積的業

西藏傳統上如何理解「業」，可用以下例子說明。當年，中國共產黨的軍隊進入西藏，聲稱西藏是中國的一部分，因此有權利也有責任重申徹底掌控權。對於藏人和他們的政府來說，這是一場劫難。其後，為了理解這場悲劇是如何發生的，許多藏人自然而然地針對業力進行反思。經過這樣的反思之後，許多人得出結論，認為這是「業果」，原因是西藏曾經刻意孤立於世界其他地區之外。如此一來，此事件被合理化為是因「西藏曾剝奪廣大人類社會從藏傳佛教中受益」所致。（另一個「業力結論」是，這是西藏宗教和公民領導階層長期腐敗所造成的果報。）

從以上例子可以看出，業不僅適用於個人，也適用於更大的群體，例如國家。人們也可將當前的環境危機視為惡業的結果。對我們來說，這並不難理解，它只是因果定律的另一個延伸。幾個世紀以來，人類一直汙染和掠奪自然環境。隨著人口數的增長，汙染和掠奪也戲劇化地增加，以滿足人類許多明顯的需求。人類出於無知，一直以帶來痛苦的方式與地球相處，甚至無視人類自己的科學家們的警告。無論我們將地球視為一個「生命體」或只是一個自然程序的總集，我們如今可能正在接受環境破壞的業果或報應，那影響到我們的生活品質，甚至人類這個物種的存活。

在比較個體的層面上，除了我們今生經歷的善惡行為的果報，佛法認為業力還會延伸到多生多世。從某一世帶來的某個業力傾向，被新生命中的某個情況觸發，於是現行成為果報。前世的業——尤其是慣性的業行——會在未來世結果，而且不必然依照嚴格的順序。這可能非常隱微且複雜，並不是說，前世某人踢了一個人的頭，踢人者轉世到今生就一定會遭受偏頭痛之苦。然而，我們普遍相信，如果某人過著一種極端慳吝而自我珍愛的生活，此人在未來世將會經歷貧窮和匱乏。某種程度地相信轉世，可以幫助你理解此段落[58]。

我在前面所舉的例子，一直把重點放在負面的惡業。反過來看，習慣性重複正向態度和正面行為，會為今生和來世創造善業和善果。藏傳佛教教義中說，即使是最微小、

58 轉世的概念可能不像許多人認為的那樣難以捉摸，近來科學研究提供了轉世的可靠證據。請參見附錄二。

看似微不足道的正向行為，也應積極去做，即使是微小的善行也有微妙的業果。顯然，業力的作用如同生生世世編織而成的千絲萬縷，或許如一系列精巧細緻的織錦，匯集為單一的續流。據信，只有最高智慧者對此具有深刻的了悟，那是一種能看見細密的業力作用，甚至能預測業果的體悟。也就是說，只有佛、菩薩[59]、高度證悟的大師——那些被認為已經「開悟」的人——能達到這樣的了悟。

⊙淨除惡業

如何避免建立業力傾向呢？如果我們有業習，我們該發現它們？而當我們真正找到它們時，它們如何能被淨化？如果我們將業習視為干擾——把我們從當下的清醒和正念拉走的干擾——我們需要了解這些干擾的本質以及我們分心的理由。要看清此點，我們不應跟隨干擾進入習慣性的狹隘思維與感受，需要每天提振心靈，就像悉心照顧一座花園。為了栽培植物，我們必須經常澆灌乾淨的水，確保它們得到充足的陽光和肥料，留意並清除使植物窒息的有害昆蟲和雜草。我們必須保持正念，並且採取必要的行動。

59 菩薩是高度證悟者，全然致力於利益一切有情。

心靈保持清新且正念安住於當下時，新生的業力傾向較難形成，已經建立的業習則較容易被察覺。然而，即使我們能夠識別這些業力傾向，已經成熟的業力模式也不容易改變。或許你曾經有過類似的體驗，在同一個地方住了很久，你已徹底習慣了。然後，在一個不常有的情況下，你出門旅行並投宿在一間汽車旅館或酒店。當你半夜起身要去洗手間時，卻在一瞬間完全迷失了方向——以為門應該在左邊，但它不在那裡，而是在右邊。終於你想起自己不在家中。這就是串習的力量。同樣地，我們的人格特質已經投注在業習中，將之合法化，認為「這是我習慣的，這是我的見解，我相信這個，如今這是我生活的一個面向」甚至「我就是這樣的人」。

即便如此，我們仍然可以改變業。像所有事物一樣，業缺乏自性的存在，因此是無常的。它的本質如同映在水中的月亮，它顯現，但沒有實質。問題在於，我們長期以來一直盯著這個景象，並一遍又一遍地相信水中月是真實的。透過禪修看出它們的體性是空，是釋放這些模式的其中一種方法。佛教徒採用的另一種方法是唸誦淨化的咒語——具有改造力量的短語。還有另一種方法是祈求（請參見附錄二）。

最重要的是，一旦發現自己的陋習，你必須勇於直面自己，發下強烈誓願要做出改變，例如：「我想淨化我的業、清除我的慣性模式。我不想被這些干擾與煩惱情緒所困，造下並涉入損人不利己的業。因此我已做好覺醒的準備，並開始實踐，我將嘗試各種法門，特別是保持心的警覺、清醒與正念安住，我不要再陷入慣性模式。」然後，勇悍地採行對自己可行的對治方法，例如以上提到的那些方法。向一位具格的心靈導師或師長請益也很有幫助。

第十一章　慈心與悲心

菩提心[60]一詞指的是慈心和悲心的見地與行為。以究竟的層次來說，菩提心是覺醒的證悟之心的展現，對此覺醒之心而言，慈心與悲心二者是俱生的。慈心是希望有情「得到快樂」的發願，悲心是希望有情「減少並且免除受苦」的願望。一切有情——包括人類與非人類——都渴望快樂且希望避免受苦，每個人都在努力求取一個舒適、幸福的生活，沒有人追求不快樂和受苦。我們稍早提到的四無量心，是菩提心最純淨的展現之一。

四無量心的前兩句講到「願一切有情具足快樂以及快樂之因，願一切有情遠離受苦以及受苦之因」。在每句短語中，首先是**發願**，然後應用必要的**行動**以創造達成每一個願心的「因」。擁有幸福的生活需依靠我們的行動，包括如何和其他有情以及環境互動；還有我們的行為模式，那將帶來果報和回饋，良好的正向行動會帶來善果。當我們追尋

60 菩提心是梵文，意思是「覺醒的心」。

快樂時，首先必須確保種下正確的因。快樂和快樂之因之間的相互依存性，以及痛苦和痛苦之因的相互依存性，是明確而易懂的。

為了減輕生活中所受的痛苦，我們可能會尋求解藥，例如做一些外在的調整。我們試著把事情安排得盡善盡美，使一切順利進展，這是可以理解的。我們相信，如果事情能夠小心管控，將可以避開難題，快樂地生活。然而，這或許暫時能夠奏效，但通常不會持久。再次說明，那是因為「改變」無所不在。如果現象穩定不變，那麼試著將外在事物做利於自己的安排就有其意義。但是現象會變，沒有什麼不是正在改變。即使某件事情現在很穩定，但遲早都會變遷。事物就是這樣，一切都無常。

有一則關於皮製涼鞋的佛教典故（寂天菩薩在《入菩薩行論》中提及），內容是：既然不可能用軟皮覆蓋整個世界，那麼最好將保護穿在腳上。這寓意著應該向內觀察那感受快樂與痛苦的心。我們可以利用菩提心作為軟鞋，保護我們的內在世界——我們的心靈。向內觀察自心並且修心，是最重要、最有力且最有益處的。如果我們的心穩定而且不散漫，那麼當外在現象改變時，由於具有內在的穩定和寬闊，我們可以保持平靜於其中。這像是一種保險、一種保障。究竟的皈依處就是覺醒之心的本身。

⊙修心

＊第一階段：修善心

雖然修心一詞不是那麼常見，但它沒有什麼不尋常。換一種說法是：「我要改變我的態度。」修心是一種美麗的修行，非常有效而且力量強大。這無關信仰或是宗教，它很直截了當，而且成果很快就會到來，因此能夠給人信心。

我們如何修呢？從一顆善心開始，以修心建立一種對自己和他人善意的態度。你修養自己，並不只對那些本來就與你親近、和你相處融洽、你對他並無偏見的人敞開心懷。近日來，人與人之間充斥著大量的衝突與敵意。在國家與國家之間、不同的政治團體與種族之間，我們都看到這些現象，甚至包括仇恨；人們連對自然環境等重要議題的看法，也充滿對立與矛盾。這造成一種負面的氛圍，籠罩著全世界許多人的心。

為什麼會這樣？為什麼有這麼多衝突？這一切痛苦的根源是什麼？普遍而明顯的答案是，根源是我們──我們人類！我們不能怪罪歷史、傳統或是競爭。這些看似是原因，但它們源自哪裡呢？這些問題源自人類的態度和行為，而態度和行為則源自人心。因此我要說，我們受苦的真正根源是自己的心沒有徹底敞開。人們沒有以善心對待彼此，沒有以善意相處。如果人們能敞開胸懷，向擁有一顆善心靠近，那麼這些矛盾和衝突會減少許多。

因此，我們需要改變自己的心靈。如何改呢？我們需要訓練自己變得仁慈、善良、尊重、包容、分享，並敞開心理解他人。如果我們在日常生活中經常提醒自己這些事情，在一天當中視需要盡力去做，我相信我們的內心將會有重大改變，外在的益處也將顯而易見。這是毫無懸念的。

這樣做不僅會累積對他人和外在世界的利益，當你發願「我要修持一顆善心」時，你也需要對「不善良」的心保持警戒，避免陷入狹隘和負面的感受和行為。當你的心保持善良狀態時，這將是一帖治療痛苦的特效良方。因此，這樣做不僅是為了別人。當我們心胸狹窄、心靈封閉時，也會感受許多痛苦的情緒；修善心是對自心的療癒，這種修心帶給我們人人嚮往的快樂與和諧的心。修善心是一種對自己和對他人雙贏的修行。

＊第二階段：修慈心

我們已經發願修善心，現在可以更進一步，用慈心幫助善心生起。首先運用慈心對待身邊的人，希望他們快樂。我們禪修並且用這種慈愛的態度對待自己、家人、朋友、寵物——對待我們覺得親近的每一位有情。我們正向地看待他們並且善待他們，用同理心理解如何為他們的福祉和快樂而努力。這相當容易，因為我們本來就傾向於為他們著想。你可以稱此為帶著偏心的慈心。有慈心總比沒有慈心好，但這仍然有限，因此我們不能止步於此。

真正的慈心，屬於真正的菩提心，是一顆無界限、無條件的敞開心靈。這是已證悟、徹底覺醒之心本具的內在品質，是究竟快樂的型態之一。我們都有這樣的一顆心，雖然它經常被我們習以為常的偏見所覆蓋，例如希望美好的事物發生在與自己親近的人、自己認同的人身上，但不好的事發生在我們不喜歡或不認同的人身上。這種狹隘的心態，不僅限制了快樂的可能性，而且這些不公正的期望往往會帶來失望：我們不喜歡的人獲得了財富、權力和影響力；我們討厭的政客贏得了選舉……等。

著手修慈心時，我們首先對自己以及和我們親近的人發起這些正面感受，但接下來要擴展這些正面感受。首先將之擴展到那些我們不喜愛也不討厭、感覺「中庸」的人；然後要將正向與溫暖，延伸到那些我們討厭甚至憎恨的人身上。對於真正擁有一顆善心的人來說，這並不難。但對大多數人而言，用這種方式擴展純真的正向感受，是一個挑戰，得要讓自己慢慢地、漸進式地投入。

⊙擴展慈心的禪修

以下是藏傳佛教傳統中將慈心擴展到一切有情的方法。它很簡單，並具有兩個面向。第一個面向是，運用想像力生起慈愛的感受。以此改變後的心作為基礎，第二個面向則是以正向而和諧的方式，將慈心用來和你覺得「中庸」或「不喜歡」的人或群體相處。這樣做時，四無量心與我們的心靈融合。關於這種修行，我們先前已經介紹過一個盟友，那就是：透過布施、忍辱、持戒、精進、禪定、智慧等六個珍貴特質（六波羅蜜），將四無量心的修持付諸行動。現在，我們透過深思，將該方法運用到我們感覺中庸或討厭的那些人和群體上面。

開始這種修行時，請舒服地坐下，透過數息或任何對你有效的方法使自己安靜下來，想像有三個人或三組人坐在你面前。

第一個是某位你真心喜歡的人——你只要一想到心中就會生起正能量的人。讓這種正能量和慈心充滿你的心，感受慈心的溫暖。

坐在你面前的第二個人，不論你認識還是不認識，你對他既沒有負面也沒有正面的感受。你如何能對這樣一位「中庸」的人生起慈心呢？對藏人來說，他們相信無始以來持續不斷的轉世中，每一位目前存在的有情都曾經在某一世當過自己的母親。基於這個信念，他們把慈心擴及這位曾經的母親[61]（或父親、女兒、兒子等）。然而對於不相信轉世的人來說，同理心的力量也可以發揮很大的效果。

這位「中庸」者和你有本質上的差異嗎？這個人不也跟你一樣，想尋求快樂並希望避免受苦嗎？這個人不也和你一樣，曾經歷過困難和痛苦的處境，也經歷過幸福和喜悅嗎？雖然你具有自己的特質與經驗，但對於他人來說，你難道不也是一位「中庸」人士嗎？以這些問題一遍遍問自己，會帶來這樣的結論：我們大家本質上並無差異，都值得以慈心相待。於是你可以把對於親近之人的慈心，延伸到中庸之人身上。

在你面前的第三個人，是你強烈厭惡的人。此時，我們要擴展第二階段所培養的同理心。像其他人一樣，這個人也值得以慈心相待。如果你認為這個人有許多負面特質，想像一下這些特質為此人心中帶來多少痛苦。也請思維一下，如果此人做一點改變，他或她可以變得多麼不一樣，或許會變成一位你覺得可愛的人。（或許你有一些朋友過去

61 譯者註：佛法上稱為「如母有情」。

曾是你的敵人，反過來也有可能。）剛開始時，把慈心向這個人延伸可能很困難，但慢慢嘗試敞開一點你的心，並試著想一些此人的優點。

正如前述我母親和中國軍人之間的故事，西藏人民在文化大革命期間遭遇了許多困難。但是許多藏人卻極盡所能地避免對中國人產生負面態度，特別是那些虔誠的佛教修行人。對於這些喇嘛、比丘、比丘尼和居士來說，其最大的恐懼不是自己個人受苦，而是害怕可能會失去對中國人的菩提心，他們擔心自己無法保持對一切有情建立起的慈心和悲心。一旦你經由這種禪修，輕鬆自在地把慈心擴及一切有情時，它將會開始改變你的日常行為。請接觸那些讓你覺得厭憎的人，學習如何與他們「破冰」，讓同理心引導你[62]。

＊第三階段：修悲心

和慈心一樣，悲心也有發願與行動兩方面，也是建立在同理心的基礎上。我們經常在新聞報導中看到，某個團體或個人遭遇著家園摧毀、天災、酷刑、人權被強力踐踏等

62　聖雄甘地和納爾遜曼德拉的傳記提供了絕佳的例子，說明這些偉大領袖如何能拋開怨恨和負面情緒，並與以前的敵人正向接觸。

災難之苦。目睹這些不幸事件，我們把他們所受的痛苦想像成是自己的。身為一個被虐待、無家可歸、挨餓以及其他創傷的受害者，我們有何感受呢？

有時我們可能會想：「我和我家人並沒有受苦，我的社會也沒在受苦。只要確保如此，這些苦難就與我無關。」或許在世俗層面的確是如此，但實際上，如果今日世界有這麼多苦難，而且可能會一直持續下去，那麼我們終將得要分攤這個苦難，以各種不同方式，在或早或晚的某個時刻，我們終將受到影響。我們可能對此毫無感覺，但在這個瞬息萬變的世界裡，這種消極的快樂能持續多久呢？我們可以思考一下。

基於悲心，我們也有可能會因感動而行動起來，向前邁進一步，採取某個行動，改變受苦者的生活。那時我們必須決定什麼行動是正確的，什麼行動與我們心中感受的悲心共鳴。可以是任何事情，從捐助金錢到志願服務。在日常生活中，我們可以把六波羅蜜應用到一切與他人的相處上面。無論我們做的是什麼，若能針對當前狀況，有智慧且合乎時宜地去做，我們的善心之舉將為我們付出行動的對象以及我們自己帶來喜悅。

＊第四階段：勝義菩提心

在勝義的層次，我們可以用無造作的方式修習菩提心，包括慈心和悲心。這意味著，我們付出行動，但不帶著任何對於回饋的期待。我曾在第三部分簡略提到此點。當我們出於內心的善意為他人服務，絲毫不在意能否得到認可或感謝，那就觸到了覺醒之心的菩提心。能夠敞開去了解慈心和悲心之必要性的，是覺醒之心，慈心和悲心是覺醒之心的品質。你甚至可以說，這個覺醒的心就是慈心和悲心。

我們修習上述各種心——善心、慈心和悲心——時，可以用世俗的[63]方式或是勝義的[64]方式。在世俗的層次，帶入正面的理念和態度——其實就是念頭——去激發我們的見地和行持；在勝義的層次，我們的行為從無造作的覺醒之心出發，更直接且任運自如。這與稍早提到的三輪[65]有關：行動者／執行者、接受者、行動，三者之間沒有區隔，覺醒的心不需要製造這些區隔。

勝義菩提心可以透過修習世俗菩提心（造作菩提心）逐漸形成。以相對的方式出發，可以逐步進行善心、慈心、悲心的修持練習。剛開始時，專注在其中一種練習，或許先修幾天，接著延長為一周，然後延長為兩週或一個月。你將開始感覺到你的善心、慈心、

63 譯者註：relative，字面直譯為「相對的」。

64 譯者註：absolute，字面直譯為「絕對的」。

65 譯者註：請參照註釋54。

悲心能夠利益到自己與他人。到了某個時間點，將會有一種經由內在轉移（inner shift）而來的品質，讓你充滿喜悅地享受在你持續的修持中。它變得純淨而真誠，有一種新的況味。你領會更多，體驗更深。現在你將進入菩提心的勝義層次。

我們從相對的層次開始，因為若不從那裡開始，很難進入真正的覺醒。你不該期待在很短的期間內就會發生什麼變化，好像魔術一樣。你必須耐心並積極修練你的心，才能證得勝義菩提心的覺醒品質。若要達到此境界，圓滿證得覺醒狀態，需要時間和堅持。這樣做，你將發現心靈擺脫了所有限制，它超越了制約反應，超越了期望。

◉大圓滿禪修簡介

達到勝義菩提心的另一種方法是透過大圓滿之**離念禪修**（nonconceptual meditation）。離念的覺性和菩提心體性相同，這個境界無法確切描述，必須親自體驗。在此層次，慈心和悲心有一個新的向度，超越了「為有情求福祉」的概念性欲求，那個欲求是以世俗菩提心為範例。

離念禪修是大圓滿的同義詞。大圓滿在藏文中稱為dzogchen，「dzog」的意思是「周遍一切」或「圓滿的」，Chen的意思是「大的」。所以dzogchen意指「大的圓滿」，又稱「大完全」（great completion）或「大圓滿」（great perfection）。

離念禪修從當下開始。我們不去思考過去和未來，不關注心中不斷閃過的自製紀錄影片，我們安住當下，不阻擋任何念頭和感受，讓所有的心象保持原狀，順其自然，僅僅目睹著它的去來。這樣做時，這些現象遲早會在明澈而平和的當下歇息下來。我們體驗到自心的本質，那是一種超越語言描述的體驗。

歇息在離念禪修中並不表示永遠不會有任何念頭出現。允許念頭和其他的心理現象存在，但不加以修飾時，它們就是**離念臨在**（nonconceptual presence）能量的清淨顯現。我們安住在**平等性**（equanimity）中，對於好或壞、正或負的念頭，既不攀緣，也不排拒。我們臨在念頭與感受的當下，但不散亂。

對於因希求快樂和逃避痛苦而造成的緊張，離念禪修是克服這種希望和恐懼的最佳方法。

＊實修

首先建立「見地」，見地就像一張道路地圖。你修行的動機是什麼，以及你打算怎麼做？你的動機可能是想將真正的寧靜與快樂帶進生命中，也可能想要藉由潔淨心靈和體驗智慧，來利益自己和他人。不論你的動機是什麼，首先將之建立。禪修的本身，則是在當下的片刻歇息下來，順其自然。

從你的身體開始。經由身體去感受禪修，非常重要。身體感覺敞開嗎？有沒有好的能量以及放鬆感呢？

吸氣……感受你身體中的慈心。

吐氣……帶著悲心感受萬法。

吸氣……感受你的心靈充滿喜悅。

吐氣……感受遠離偏私的平等捨心。

持續這樣練習，直到你的身心帶著輕鬆與臨在感，感覺良好。

現在歇息在心性中。「心性」（nature of mind）是無念的狀態。這種狀態如此深奧，超越了語言和詮釋。它包含平和、精妙、自在、暖心、慈心、悲心，凡此一切都呈現在這種離念狀態中。你無須構建它們，它們會自然到來。

首先和你覺知中生起的所有心理現象同在，包括念頭與感受。此刻的狀況如何？只需要覺知心理現象，並讓它們如其本來面目，不加任何修飾。你在當下放掉越多，你的心體驗到的明性（clarity）就越多。這並不是一個封閉、空洞、停滯的狀態。相反地，你在當下的覺知當中是完全警醒的。

這種狀態有時被稱為「自證覺知」（self-knowing awareness）。在離念的狀態中，你知道當下發生的事情，你知道自心的狀態。心知道它自己，這是自證覺知。自證覺知打開通往發展日常生活中覺性之大門。

一旦你達到某種程度的等持[66]，你會發現自己有時努力想要停留在當下，想讓自己不要分心。只要這種努力和緩而細微，它將不會在你心中留下習慣的印記，所以沒關係。

這種修持需要一些勇悍力，勇悍使你的心不被習氣、慣性思維、「老朋友們」、習慣的談話、八卦等所有可能聽到的聲音所左右。如果你勇敢又有耐心，將有潛力體驗到如虛空般的禪修——放鬆、空闊、寧靜、自在。這種狀態是否能持續到禪修的結束，並無法保證，你最好不要抱著期待，認為一定會有超棒的成果。但只要你開放的心中帶著鼓舞、醒覺與覺知，那將不是一個問題。持續以這種方式臨在當下。當你分心了，讓它

66 譯者註：equipoise，經由禪修得定，稱為（meditative） equipoise，又稱心一境性，或三摩地。

順其自然，離念狀態遲早會重現。

座上修結束之後，你可以起身，或許可以喝杯水。當你喝水的時候，仍然可以保持臨在，繼續體會當下水的味道，以及水、玻璃杯和你自己之間的連結。當你的心在一個普通的日常情境中臨在且不受干擾時，一切事物的體驗都將不同——煥然一新。這種練習可以在任何情況下展開，使之成為一種座下修。或許在一座大圓滿禪修下座後，你可以輕柔地使用你的數位設備，看看那時——至少在剛下座時——的感受是否比平常開闊一些。

有時你可能會覺得臨在當下非常有挑戰性，但只要你對這個練習懷有熱望和深刻的動機，你會發現，臨在當下比散亂分心還更自然。這並不是什麼我們從未經歷的新鮮事。心性乃是心的自然狀態，只需要放手、臨在和自我證知。一旦我們得到這些經驗，所需要做的只是去激發它，讓它成為我們日常體驗的一部分。

請注意，大圓滿禪修對多數人來說非常精微，需要對藏傳佛教有一些認識，並在具格上師引導的情境下修習，效果最好。幸運的是，對於西方人或亞洲人來說，如今已有許多西藏禪修大師定居世界各地，讓我們有機會親近。

第十二章　內在與外在的生態學

最後，我們要重返地球。我們已經探索了數位宇宙，一窺我們的靈性，並探討了心靈如何位居一切的核心。現在來看看我們的家園——地球。不難看出，地球有麻煩了。這該由誰負責呢？答案至為明顯。眾所周知，科學已經證實全球暖化現象，先是空氣嚴重汙染擾亂了氣候型態，繼而導致乾旱、海平面上升與一系列災難，再加上環境汙染、物種滅絕、人口過剩和地球的種種衰變，這一切，並不能歸咎於昆蟲、動物、風暴或火山，應該歸咎於我們！但這是為什麼呢？鳥兒並不會弄髒它們自己的窠巢。我們為什麼這樣做？

人類以負面態度對待自己的家園，可以追溯到十八世紀末工業革命的發端，至今已持續了很長的時間，類似事件一直局部性地小規模發生著。在某些地區，居住在溪流附近的人任意將各種廢棄物直接扔進水裡，包括舊汽車和電器等。森林被恣意焚燒。採礦造成土地的瘡疤，並在土壤和水中留下有毒廢棄物。

但也有一些顯著的例外。全球的原住民向來比較尊重環境，包括傳統的西藏。西藏人尊重環境的原因之一，來自佛教徒對待自然的態度。

奧地利地理學家海因里希・哈勒（Heinrich Harrer）所著《西藏七年與少年達賴》（*Seven Years in Tibet*），後來被拍成一部有名的電影，其中有一段情節闡述了上述觀點。一九四〇年代末到一九五〇年代初，哈勒的同伴彼得・奧夫施奈特（Peter Aufschnaiter）居住在西藏首府拉薩，西藏政府聘請他負責設計和指導一些公共工程項目，因此需要大量挖掘土地來建造牆壁和橋梁等。對這位奧地利工程師來說，工程的進展緩慢得令人痛苦，因為每次西藏工班挖土時，都必須確認沒有害死任何蠕蟲或昆蟲。這需要將土壤仔細過篩，救出挖掘時險些喪命的小生物。這樣的小心翼翼並非應官方政策要求，而是源於藏人出自肺腑的信念，他們認為自己沒有權利肆意奪取其他眾生的生命。

這種對於生命和環境的尊重是西藏文化的一部分。如我先前所述，藏人不去汙染溪流湖泊，因為如果這樣做，不但會汙染人類的水源，還會傷害到依賴溪流和湖泊生活的其他生物。基於相似的理由，我們不隨地丟垃圾，不濫伐森林，也不大量焚燒垃圾造成空氣汙染。但讚揚藏人與其文化，不是我此處的目的。實際上，縱使他們以菩提心的態度對待有情眾生，但大多數藏人都是肉食者（否則在西藏惡劣的氣候環境中，很難獲得足夠的蛋白質來維繫生命）。西藏文化的佛教底蘊清楚說明了我們關心環境而不漠視它的緣由——核心因素——是什麼。不幸的是，數位科技和現代生活的其他面向將各種干擾帶入西藏之後，這些正向態度正在逐漸被揚棄。

⊙我們有兩個身體

用簡單的話說，你可以說藏人對環境的態度是基於同理心，那是菩提心的一種表達。當一個人設身處地為其他有情著想時，顯然必須將物理環境也考慮在內。正如我們人類需要清淨的、未受汙染的空氣和水源等等，才能過上健康的生活，所有其他生物也需要類似的環境品質來維繫它們的生命。

但你若記得佛教教義中業力和輪迴的重要性，應可猜到，這種同理心可延伸到久遠的過去與遙遠的未來。基本上，從無始以來，我們所有人和其他一切有情皆有過共同生活的經歷，並且曾經互換角色，我們全都是「家人」。在從前的某個時期，每個人都曾是一條蠕蟲、一隻昆蟲或其他生物。我們曾經是彼此的父親、母親、姊妹和兄弟。當你相信這一點或是對其可能性持開放態度時，對一切有情的慈悲就比較容易生起。

我已經詳細講述了人類的內在層面——心靈——以及我們與其他人類的關係。這個道理也可以類比為人類與非人類的有情，或與物質世界等外在環境之間的關係。你可以說我們有兩個身體，而外在的現象世界乃我們的外在身體。我們的幸福和生存依靠著外在的身體，而既然我們會如此劇烈地影響外在世界，它也得依靠我們睿智相待，是的，我們應以仁慈和同理心對待外在世界。汙染環境就像用劣質食物和汙水毒害自己的外在身體。我們永遠不會願意毒害自己的外在身體，但是透過破壞環境，我們確實正在那樣做。因此，我們需要建立內在與外在環境的生態學，並且實際操練。

我們會去汙染自然環境，那是因為我們已經用無明染汙了心。內在的汙染已經導向外在的汙染。在佛教教義中，無明是根本煩惱之一。我們無視於自己與環境之間的相互依存關係，以及所有現存有情和環境的物理層面之間的相互連結。而且，全球暖化現象雖然已是具大量證據的普通常識，但我們仍然繼續忽視它。

隨著不斷成長的全球人口總數，先前與人類區隔的動物棲息地被我們進犯了，交互作用的結果，產生許多影響人類甚鉅的疾病。愛滋病和伊波拉病毒傳播到人類，不無可能起因於人類侵犯了非洲猿猴的族群。禽流感可能經由接觸患病家禽而傳播到人類身上。於二〇〇二年在中國首次發現的嚴重急性呼吸道症候群（SARS），可能歸因於人類與果子狸和洞穴蝙蝠的接觸。還有許多案例可以列舉[67]。

當越來越多人類遷入曾經是大型動物（像是熊、老虎、狼、山貓等）的專屬領地時，就會有越來越多的危險遭遇，有時導致人類和野生動物的死亡。美國西部市郊的居民有時會在家中後院發現山貓和熊等凶猛的野生動物，因為那裡不久前還是野生動物的棲息地。

侵犯動物的棲息地也會導致動物絕種，這一切都出於缺乏同理心和尊重——是心態的問題。這不僅攸關自然環境的損害，這麼多動物瀕臨絕種，也是一個警訊，提醒我們，支撐著地球的生態系正在崩壞。這些現象就如同曾用來警示礦工毒氣外洩的「礦坑中的金絲雀」[68]。為了和野生動物和諧相處，我們必須在自己和它們之間建立適當的邊界，只要不去傷害它們就足夠了。

我們可以經由山、水、空氣、生物的分類來看待自然環境。哪裡有水，哪裡就有魚，

67 根據世界衛生組織的統計，在非洲，從動物傳染至人類的疾病數量，在過去十年中，激增了百分之六十以上。請參閱 WHO Africa 的報導 "In Africa, 63% Jump in Diseases…", 2022 年 7 月 14 日，www.afro.who.int/news/africa-63-jump-diseases-spread-animals-people-seen-last-decade.

68 譯者註：the canary in the coal mine 意思是對危險的早期預警。歷史上，金絲雀曾被用來偵測地下礦井中的有毒氣體，是這個用語的由來。

這一點我們應該尊重。同樣地，哪裡有山，哪裡就有野生動物。空氣中有飛翔的鳥兒。哪裡有叢林，哪裡就有各種各樣的森林生物。生物經過演化，已經適應各自的環境。如果我們不去打擾這些環境，就不需要特別花力氣去保育野生動物，像是餵養它們或將它們隔離在特殊區域。我們應該站在它們的角度考慮，請永遠記住，這樣做對我們自己也有益處。

淨化人類的環境

從人類精神的視角來看地球的環境問題，可能也有益處。用愛和尊重對待外在環境的關鍵，在於淨化我們的內在環境。經由態度的轉變，我們可以開始真正療癒地球與人類社會。畢竟，兩者需齊頭並進。讓我們再次以身、語、心的角度來解釋。

身、語、心是我們內在環境的三個面向。我們如何照顧好這三者，以創造和諧與快樂呢？以身體來說，非常簡單實際。我們睡個好覺，起床之後喝杯水，吃點健康飲食——不要忘記水果和蔬菜——或許再攝取一點維他命。白天的時間我們做點運動。我們不該忘記體能活動對身體是多麼重要；或許練習靜坐，這對身體也有益處。而會傷害到我們身體的事情，要注意避免。

好好照顧自己的身體，就像悉心照顧一座花園。經由尊重和自我幫助來滋養我們的內在花園，也幫助了他人——我們的家人、朋友以及所有與我們來往的人。他們知道我們安好，也會感到快樂。我們再次發現相互依存性提供了正面的連結。

我們說的話——與他人溝通的方式——也是一種環境。話語的內容和說話的方式都對人類環境有巨大影響。當我們談論八卦或批評他人時，會造成他人不快樂，等於汙染了人類的環境，我們遲早會收到某種負面的回饋。不快樂會創造干擾，進而導致負面的態度和行為。維持一個健康的話語環境，需要靠正念和同理心。

我們應該留意，並且考慮言語對他人造成的影響。我們不想和痛苦之因扯上關係。如果你不確定自己所說的某件事情將如何影響他人——無論是對幾個朋友或是對全國的觀眾——此時保持緘默可能比較有利。當我們經由這樣的內在修持感覺受到激勵，因而以更正向、更大的悲心和仁慈與人來往時，我們將進入一個新的語言環境生態。

我們的心——心靈——是最重要的因素，因為它引導身體和語言的行動。由於人類身處當今環境困境的核心，如果我們原地不動，將無法期待能有多少改善。請注意，就算不管數位通訊的內容，純就其數量，就足以分散人們對環境退墮之根本問題的關注。但是，當我們的心真正被激發，朝向利他主義、利益眾生的積極態度——當我們的心向智慧開啟，了悟我們生活在一個相互依存的世界時——我們將自然成為健康環境的促進者。如果我們的心達成清淨覺性的完美見地，帶著平衡和敞開的屬性，充滿著慈心與悲心，那時我們的內在環境將會如此豐饒、純淨、廣闊至無邊無際。這樣的心可以療癒外在的環境。

當我們的心不是上述這種狀態，而被負面、沒來由的恐懼、焦慮、神經質和其他不幸的習氣汙染時，我們的內在生命將是限縮的，而且大體而言並不愉快。這是「否認地球上所有生命相互依存」之態度的根源，是內在汙染導致外在汙染的源頭。

我們都應該問問自己：「我難道不想生活在一個零汙染的所在嗎？那兒空氣爽脆清新，天空蔚藍，海洋溪流波光粼粼清澈見底。還是我寧願要霧霾汙染的空氣、烏煙瘴氣的天空、臭氣薰人的溪流以及滿布石油的海灘？」當然你會選擇前者。同樣地，如果能選擇，我們會選擇智慧清晰的心，而非被負能量和無明染汙的心。我們追求快樂及其原因，並避開痛苦及其原因。

透過一點一滴自我努力淨化心中的負能量，我們可以同時為自己的快樂和療癒環境做出貢獻。內在和外在從來不是分離的，它們之間沒有真正的區隔。修習思維和靜坐，將帶給我們智慧，自然影響到我們與山川、溪流、海洋、森林，以及在那些地方生活的野生動物的相處。我們在自己與外在環境之間創造一個正向而和諧的關係。

這些話或許看似簡化且理想化，但緊急狀況有時能促使我們認清狀況的本質。當你的房屋失火時，你會試著用任何能取得的東西盡速滅火，然後打電話給消防局。你不會上網或致電某位「專家」找出最佳的滅火辦法，你不會介意用來滅火的水溫是多少或毯子是什麼顏色，你不會詢問消防隊員的宗教、政治立場或種族背景。如果那時採用類似於我們因應當前全球環境問題的方式，使思緒像一團迷霧，那麼失火的情況便不會改善。

透過靜下心，我們會看清自己內在和外在問題的根源，開始解決這些問題，為了自己與他人的福祉，為了人類和地球——我們與一切有情共享的家園——而努力。

後記

當我著手寫這本書時，數位革命才剛剛開始。許多早期接觸網路的人，現在已是退休人士。在他們之後幾個世代的人——他們的子輩與孫輩——隨著使用逐漸加速並逐漸複雜化的數位平台和設備，已經長大成人。我們知道，數位革命加快了心的速度，加快了人與人之間的互動，甚至改變了我們面對面的交流方式。而我們並不清楚的是，此番人類工具大量更新，對我們心理和生理造成什麼樣的影響。科技創新發生得太快，以至於我們沒有時間停下來問問自己：「它的後果是什麼？」由於數位創新的急流，專業研究者必須找出問題的答案，即使是暫時性的答案。美國公共衛生總署長發表的社群媒體風險報告（先前已經引用）提供了我們必須關切的預警。如今，隨著人工智慧進入主流，我們對於數位未來的確定性，並不比賭徒擲骰子高。

無論未來將帶來什麼，我們有一個要素可以信賴：心。心能擴展並且涵蓋一切，當它擺脫狹隘的制約時，便具備神奇的潛能。我們所有的經驗——好的、壞的、快樂的、痛苦的——都由我們的心所感知和影響。數位世界是人心創造出來的，因此，能夠理解它、評估它，並在個人或社會基準上為它的問題提供解方的，正是我們的心。我們必須永遠記住，心是關鍵，心是一切的基石。

如果要了解數位通訊，我們的心必須對於「它們是如何設計與運作的」保持清醒與警覺。若要釐清我們與數位世界的關係，必須了解自己內在的運行——我們的習慣模式、情緒傾向等等。為了看清這一切，我們的心必須清明。為了讓我們的心變得清明，需要有計畫和付出努力，這是我希望本書能夠提供讀者並加以鼓勵讀者的。

我提供的觀點和解決方案是依據心之覺性的力量，那是智慧的源頭。而唯有智慧，才能帶給所有人幸福，使我們的世界成為應當是的樂土，而在某種意義上來說，它已經是樂土。因此，請以所有可能的方法修習智慧。這樣，我們將與地球環境以及所有生物之間，建立一個純正的、和諧的連結。

致謝

我要向香巴拉出版社（Shambhala Publications）的編輯團隊致以誠摯的感謝，特別是編輯 Tasha Kimmet 和專案編輯 Breanna Locke，他們提供了卓越的工作和建議。此外，我還要感謝香巴拉出版社總裁 Nikko Odiseos 的鼎力支持與鼓勵。多位友人以及 Pema Kilaya 僧伽成員校閱本書的初稿，並提出寶貴意見，包括 Diane Ridgzin Berger, Jeanne Lepisto, Karen Carbone 和 Daniel Hodel。Jim Rosen 提供有關數位商務和社交媒體的重要資訊。Brian Hodel 彙整並編輯手稿。特別感謝 Janice Baragwanath 提供精美藝術作品，並感謝格龍基金會資助她參與這項工作。感謝所有人的幫助，使得這項計畫圓滿完成！

我也要向中文版譯者張圓笙致上由衷的感謝，她付出的時間與精力，使《從心解脫》簡潔而清晰地完美呈現。我更要向台灣的商周出版社以及其優秀的編輯團隊致上我最深的謝忱，經由他／她們的專業協助與支持，使得本書中文版順利出版。

〈附錄一〉西藏醫學所說的「風」

醫學上關於壓力造成心理與生理健康的影響，迄今已有非常多的記載，奇怪的是，雖然可以藉助藥物、另類醫學、諮商或禪修等方法來紓解壓力，但效果卻不一定，得要碰運氣。壓力是什麼？壓力的作用機制為何？這些知識目前尚無定論，因此，關於不停運轉的「外部跑步機」——現代生活——如何連結到我們的身與心，我們也沒有一個清晰而準確的認識。

從好的方面來看，一些來自亞洲傳統社會的方法已經開始被採納，例如太極、禪修、哈達瑜伽的普拉納理論和修練等。在中醫上扮演重要角色的中國氣功理論大有可為，它應用在太極禪柔運動時，顯然對緩解壓力很有幫助；哈達瑜珈的運動和呼吸練習亦然。儘管如此，關於壓力的機制以及它們和現代生活的關聯，這些體系只提供模糊而不完整的見解。不過，有一種隱藏在西藏山區和高原數千年、逐漸演化而來的醫藥體系，我相信其中有了解這些問題非常需要的關鍵。

藏醫有一個概念，叫做風（lung，讀作四聲的「龍」）。風關係到能量、人格特質及各種活動，並與疾病極度相關。lung 是一個隱喻，翻譯為「氣」或「風」。風主要造成所謂神經系統的問題，同時影響活動、呼吸和知覺等。風失衡——被視為一種疾病——的基本徵兆包括焦慮、情緒快速變化、失重感、失眠、精神或言語或生理過度疲勞、壓力與緊張、睡眠或飲食不規律、焦慮和恐慌症發作，以及渴求、執著的情緒（時常導致沮喪、害怕被拒絕或害怕損失）。這些特徵在藏醫書籍中有相關的描述（見延伸閱讀建議）。

風的病徵聽起來可能很熟悉。過盛的風感覺就像我們喝了太多咖啡時的抖動不安，或是舞台恐懼症的忐忑[69]，或者當某件你非常期待的事情成真時所感到的欣喜若狂和飄飄欲仙，例如你的團隊獲勝、你的提案被批准、你新出的 app 到處瘋傳、你有重要的科學發現、你的求婚被接受了——帥啊！從這個角度來看，風是一把雙面刃，當它平衡時，能推動我們走向歡欣鼓舞的行動，失控時則會壓垮我們。有一個風平衡的好例子，例如有經驗的演員和音樂家會運用舞台恐懼症的「蝴蝶感」能量，將其化為動力，提升他們

69 butterfly feeling 字面直譯「蝴蝶感」，好像蝴蝶在肚子裡，表示緊張、七上八下或忐忑不安的感覺。

的表演。

但這些只是應用於個人的例子。如今風的影響遠過於此。風——主要是失衡的風——瀰漫在整個現代生活型態中。它代表我們工作、政治和社會環境的特徵。這個概念在今天既切題又非常實用，因為風——那流經我們神經系統的能量——將我們做的與經歷的一切綁在一起。沒有它，我們便無法生活。如果風過盛或狀態出錯，我們就會承受現代生活的典型痛苦。

＊風和分心的關係

從藏人的角度來看，風是生命的必需品。沒有這種能量，你就死了。但是為了過著健康、心理舒適的生活——一個快樂的生活——風必須與其他因素保持平衡。這有點像是偶而喝杯咖啡提神和過量攝取咖啡因之間的差異。如果你的風過盛，就像現代世界中許多人一樣，特別容易感到分心。這是因為風使我們過度敏感。大體而言，我們被鎖進一個風和分心間的迴圈。我們——我們的思想和身體——總在嗡嗡作響。甚至有一句常見的藏語諺語隱喻此點：「念頭乘在風（lung）上。」

有一種被稱為「微細身」的人體解剖學觀點和風有關，它潛在我們的知覺、感覺和反應的下面。微細身由脈（channel）、風（winds）及明點（essence）組成，迄今仍無法被醫療儀器檢測到，但經驗上有強大的證據證明它們存在。如果你曾經接受過中國針灸治療，你可能看過針灸師在下針、按摩和進行其他治療時所依據的經絡穴位圖。有充分的科學證據顯示，根據這些圖表做針灸治療，具有生理療效。然而，這些經絡脈道並不能經由解剖檢查或影象技術顯現出來。

許多情況下，散亂得以在我們生活中占有一席之地，是因為它和風結合在一起。當散亂在我們身體生理上立足時，我們很難忽視或放掉散亂。這一事實，對於理解壓力、人類心理學的細節、習慣模式和動機等一切，具有無比的重要性。風會增強我們的痼習與成癮，使它們很難更改或戒除。當過盛的風對我們的信念、偏見和意見增添了力道和能量時，冷靜和清晰看待事物所需的開放式胸襟和開放心態，就很難建立與維持。這一些，需要一顆擺脫牢固的精神與情緒習慣——由不平衡的風所支撐的習慣——的彈性的心。

我們對於風，大部分是無法抗拒的，如果退後一步自我觀察我們的念頭、情緒和行動，應不難看出。我們可以從自己對於事件的反應中看到它，尤其當我們驚訝、惱火、恐懼或被某事物強烈吸引時，我們被情緒「擄走了」——這個常見的說法暗示著一個事實：某種程度上，我們知道有一股強大的情緒之風正對我們施加某些控制。當然，我們可以合理化這些反應，辯稱：「我就是這樣。我相信、我想要、我期待什麼什麼……當我得不到它時，我會沮喪或生氣。這很自然！」但真有這麼自然嗎？這些反應可能正是風的能量結合散亂的心理常模，所創造出積重難返的習慣。

以使用數位科技來說，風可說是我們被自己最愛的程式和app吸引並套牢的一個「活性成分」呢！據我所知，設計廣告和app的專家們從未聽說過「風」。他們不需要知道它，因為他們已經掌握了它的效果。他們研究我們如何依據情感需求形成習慣，無需達到更深的理解。他們從事的是創造消費者習慣的業務，無論他們稱之為「情緒觸發者」還是「風」並不重要。對他們來說，了解風如何運作無助於增進他們的理論和業務，但對於那些想從痼習掌控著部分生活——包括與數位科技相連的部分——的重擔中解脫的人來說，這會有所幫助。

數位媒體大眾化所造成的問題，主要是健康方面的壓力（包括生理上和心理上）以及社交孤立的情緒成本。整體來說，其結果就是藏醫所稱風疾患——風失衡——的蔓延。如上所述，當它與人的身體和心理的其他特徵——例如地、水和火等基本特徵——平衡時，風是一個正面的生命力，是我們生存所需的動力源。但在現代環境中（包括低度開發國家在內），散亂已經使風元素失衡到一種程度，使得大多數人都承受著一種普遍瀰漫的疾患之苦。

我們要怎樣才能治癒這種疾病呢？我嘗試在本書中提供一些練習，可以幫助我們從那些既助長風過度活躍，又被過度活躍的風支撐的習慣模式中，緩緩脫離。我們也可以諮詢某位藏醫。如今，在西方執業的藏醫人數越來越多，他們可以提供本草療法、飲食建議、呼吸和其他練習等，使得風平靜和平衡，從而減輕壓力。Lobsang Rapgay 博士的《西藏治療之書》（*The Tibetan Book of Healing*）是一本資訊豐富且很有幫助的好書。

〈附錄二〉佛教簡介

本書《從心解脫》不是一本關於佛教信仰與修行的指南，然而，本書中許多概念源自佛法。或許有些讀者有興趣了解這些概念的來源，故在此簡要介紹佛法的基本綱要。

我首先談一下佛教的簡史：佛教於西元前五百年左右在印度興起，是印度東北部釋迦族王子悉達多・喬達摩悟道後（即釋迦牟尼佛，簡稱佛陀）並且開始傳法的結果。佛陀說法四十五年，他的眾多教法被主要弟子們記憶下來，並在他圓寂之後加以集結記錄。佛教成為印度的一個重要宗教長達好幾個世紀，並且很快傳播到了東南亞。這些地區傳承的主要派別屬於上座部佛教（Theravada，梵文意為「長者的教導」），該部派以上述書面記錄（佛經）為基礎，目標著重於個別修行者的開悟。

佛教從印度傳入西藏始於西元七世紀，在那之前，佛教已經在中國、日本和韓國流傳好幾個世紀。關於藏傳佛教的發展，我只談論它屬於大乘（梵文意指「大的車乘」）佛教傳承，其重點放在菩提心，以一切眾生都能證悟為目標，至於其他細節我不在此討論。藏傳佛教也融入了一些西藏本土苯教（Bon）的元素。

＊佛教的宇宙觀與輪迴

在佛教中，人們相信證悟者——諸佛——能夠直接看見真相。佛教的宇宙論源於這些證悟者。他們將宇宙描述為循環輪轉著，從空性（emptiness）中生起，經過發展，直到在一場劫火中毀滅。然後又生起、又毀滅，如此周而復始[70]。

在大乘佛教的觀點，時間無始也無終，有情眾生（有心的眾生）從無始以來曾以各種不同形態存在。我們的心在本質上是完全覺悟的——正如佛心一樣。但這種本初的覺性被兩種無明所遮蔽：昏昧無明[71]和遍計無明[72]（二者分別是指：我們看不清楚，不能明辨；我們看不正確，投射出錯誤的信念）。我們的意識是一個連續體[73]的一部分，個別地從一世流轉到另一世。我們轉世投生到哪一道，是由業力決定（見第十章）。當我

70 基本上來說，佛教的宇宙論類似於現代物理學的大爆炸理論。
71 譯者註：ignorance of dullness，或稱「無始無明」或「根本無明」。
72 譯者註：imputing ignorance。
73 譯者註：佛法名詞稱為「續流」。

們透過修習佛法（教義）達到圓滿時，我們將徹底證得無惑的、本初覺性——我們本具的潛力——並且證悟。

輪迴在佛教宇宙論中是一個自然歸因。因此，實相的決定因素是心，不是物質[74]。有情在六道中輪轉，直到他們直接認出心的真實義——開悟的心——為止。

如果輪迴轉世聽起來好像出於想像力，請注意它近來已得到深具說服力的科學證實。一九九七年，維吉尼亞大學健康科學中心的人格研究室主任、精神科醫師伊恩・史蒂文森（Ian Stevenson）發表了《轉世輪迴與生物學——於此相逢》（*Where Reincarnation and Biology Intersect*）一書。這本書是為普羅大眾編寫的，總結了史蒂文森對超過兩千六百個前世記憶報導案例之研究。經由對這些前世記憶的細節進行徹底、系統化的科學檢驗，史蒂文森得出結論，他認為，轉世是唯一合乎邏輯的解釋。史蒂文森的工作由吉姆塔克（Jim. B. Tucker）在維吉尼亞大學接續進行，塔克是精神病學與神經行為研究系的人格研究室教授，也是《當你的小孩想起前世：兒童前世記憶的科學調查檔案》（*Life Before Life: A Scientific Investigation of Children's Memories of Previous Lives*）以及《驚

74 這與現代神經科學的觀點正好相反，後者將「心」等同於電化學上說的「腦」，並認為非物質面向僅僅只是「心智表徵」的一個副產品。

人的孩童前世記憶：我還記得「那個我」？精神醫學家見證生死轉換的超真實兒童檔案》（*Return to Life: Extraordinary Cases of Children Who Remember Past Lives*）兩書[75]的作者。

＊儀式、修行與加持

祈求是佛教的重要修行方法之一。透過祈求，我們得以幫助他人，並獲得加持。這些加持——也許可以想成一種能量形式——對於禪修等佛教修法有正面的影響。藏傳佛教常見的修行包括唸誦咒語——常以念珠（藏語為mala）記數重複唸誦的短語、虔敬的祈求，以及針對特定本尊修行的本尊修法（sadhanas）。儘管這些本尊（deities）有時被翻譯為「神」，但他們並不具有主宰生命和宇宙、面相威猛之有情神祇的形體。佛教中沒有上帝，也沒有猶太、基督教意義上的神。本尊本質上是已開悟的覺者，就像佛一樣，是智慧與加持的泉源。

藏傳佛教的另一個加持來源是傳承。藏傳佛教的各大教派都尊崇他們的傳承祖師們，並向他們祈求加持、指引與智慧。其中一個例子就是格魯教派對於達賴喇嘛傳承的

75 譯者註：兩書在台灣皆有中文譯本出版。

祈願。

在各種儀式和禪修之前，佛教的基本祈願首先是皈依。修行者以口頭唸誦的方式向佛、法（教義）和僧伽（同行法友與／或上師）祈求皈依。在藏傳佛教中，皈依之後是發菩提心——為了利益一切眾生而發心修行。皈依、發心之後接著各種修行（禪修、本尊修法、儀軌、唸誦咒語等），最後將修行的功德以迴向作結束。功德是善德或靈性力量，將這些功德饒益所迴向的對象，同時結束該次修行。

＊師長與佛的教示

歷史上的釋迦牟尼佛初轉法輪傳授的是四聖諦。簡言之，這四個真諦是：一、「苦」的真諦（苦諦）；二、「苦有其因」的真諦（集諦）；三、「苦可以滅除」的真諦（滅諦）；四、「滅苦之道或方法」的真諦（道諦）。「受苦的世界」稱為輪迴，經由通往徹底解脫開悟（有時稱為涅槃）之道路將會被滅除的，正是這個世界。

在佛教中，跟隨精通法義的師長學習，被認為是在法上——理解並圓滿佛教修行——進步的必要條件。藏傳佛教的主要導師是喇嘛，其中許多是祖古（tulkus）——被認為是轉世的喇嘛；喇嘛是加持的泉源，據信，學生的虔敬度越高，就獲得越大的加持。

弘法和回答學生問題的責任主要由喇嘛擔負。藏傳佛教中，喇嘛被認為是沿著靈性道路前進的關鍵因素。傳統上，寺院一直是佛教的重要元素。僧侶和比丘尼通常隱居在寺院和尼寺中，履行從教學到寺院運作到服務俗世社區需求的各種功能。

如今，以西方語言（尤其是英語）撰寫的佛教傳統文本和新書廣泛流布。無論是經由師長或文本（通常兩者兼具）來接觸佛教法義，要能將法理吸收，都需要經過聽聞（或閱讀）、反思和禪修的步驟。在西藏，雖然僧侶眾多，但大多數佛教徒是構成家庭成員的在家居士。

＊佛教立足於現代世界

在二十世紀中葉以前，西方國家對佛教興趣不大。然而，總還是有一些人探索和修行佛教，而他們最熟悉的風格，大部分是上座部傳統佛教。長久以來，藏傳佛教在西方幾乎不為人知，僅有一些作家兼探險家（例如兼修佛法的亞歷山德拉·戴維·尼爾〔Alexandra David-Néel〕），以及學者修行人（例如懷伊·埃文斯·溫茨〔W.Y. Evans-Wentz〕）有所接觸。造成此現象的主要原因是，西藏很少允許西方訪客進入，並且一般而言，藏人將自己與其佛教傳統孤立於其他地區之外。

當一九五九年中國入侵西藏，迫使許多藏人流亡時，一切都改變了。超過十萬名藏人離開西藏，大部分在印度定居，也有一些前往西方國家。最著名的是第十四世達賴喇嘛，他在印度北部建立了一個大型流亡社區。達賴喇嘛對西方世界很感興趣，並且終於開始到世界各地弘揚藏傳佛教。他於一九八九年獲得諾貝爾和平獎，這使得他成為備受矚目的人物，並有助於藏傳佛教向西方社會傳播。

與之相輔相成的是，一九六〇年代，許多西方年輕人對於西方社會的物質主義感到不滿足，其中有些人受到東方的精神傳統所吸引。從那時起，從歐洲、北美洲，到澳洲和拉丁美洲，修持藏傳佛教的人數已達數百萬人。藏傳佛教四大傳統教派的精神「社群」（教團）已在這些國家建立，傳統經論文本被翻譯成西方語言，各地建立了閉關和修行中心，還有許多藏傳佛教的師長（其中不乏西方人），開始周遊世界，弘揚藏傳佛教佛法。

詞彙表

◉ ADHD

注意力不足過動症。

◉ **人無我（或譯「我空」）** no-self

有情眾生並沒有恆久的、獨立的「我」或是人。

◉ **三輪** Three Spheres

主體（執行者）、行動、客體。

◉ **上座部佛教** Theravada

意指「長者的教導」，現存最早的佛教部派。主要集中在東南亞地區流傳，著重在個體修行者的解脫。

◉ **大乘** Mahayana

梵語意為「大的車乘」。佛教傳統之一，其目標是讓一切有情達到證悟。

◉ **大圓滿** dzochen

藏語意為「大圓滿」或「大完全」；梵文為「阿底瑜珈」。藏傳佛教離概念禪修的一種形式。

◉ **中道** Middle Way

佛教的見解，認為事物既不真正實有（稱為「永恆主義」或「常論」），也並非不存在（稱為「虛無主義」或「斷滅論」）。

⊙ **五毒** Five poisons

敵意（瞋恨、憤怒）、貪欲（吸引力、渴求）、無明（昏昧）、嫉妒、傲慢。即貪、瞋、癡、慢、疑。佛教認為此五者是有情的主要情緒困擾，又稱為「煩惱情緒」（梵語為 kleshas）。

⊙ **仁波切** rinpoche

藏語「珍貴寶」的意思，通常用於喇嘛。

⊙ **六度** Six Transcendent Perfections

梵文為「六波羅蜜」，它們是：布施、持戒、安忍、精進、禪定、智慧。

⊙ **分析式禪修（觀察修）** analytical meditation

理性的、以思維作基礎的冥想。又稱概念式禪修（conceptual meditation）。

⊙ **心（或譯「意」）** mind

一個集合名詞，基本上是指念頭與情緒的生起和體驗。

⊙ **心靈** heart-mind

直接、直覺了悟的智慧之心，敞開的覺性。

⊙ **四念住（或四念處）** Four Applications (or Foundations) of Mindfulness

源自巴利語的《四念住經》。歷史上釋迦牟尼佛的原始教導之一，它將正念引導向身、受、心、法。

⊙ **四無量心** Four Immeasurable Thoughts

藏傳佛教的一種修心法門，祈願一切眾生具足樂及樂因、遠離苦及苦因、具足無苦至樂、住無量平等捨。

◉ **平等捨**　equanimity

這裡定義為：遠離吸引（渴求）和厭惡的一種廣闊、無邊際且敞開的體驗。

◉ **正念**　mindfulness

一般而言，是指注意力聚焦在心或其他對境上面。

◉ **有情眾生**　sentient beings

有心、有感情的眾生。

◉ **佛**　Buddha

可以指稱任何開悟者，但一般來說，當我們談到「佛陀」時，指的是釋迦牟尼佛，又稱喬達摩，他於西元前五、六世紀生活在現在的印度和尼泊爾。他也被稱為「歷史上的佛」。

◉ **希望與恐懼**　hope and fear

常見的精神／情緒偏差，造成分心和緊張，是社會制約反應的一個核心特徵。

◉ **我執**　ego-clinging

我們對於自己的自我、自身以及心的貪著與認同。

◉ **身、語、心**　body, speech, mind

佛教關於我們人身環境的三個面向或其組成的概念。

◉ **制約反應**　conditioning

重複動作產生的結果，是習氣的基礎，常被類比為自動反應。

◉ **法（現象）**　phenomena

心的對境。透過感官感知到的，也被心辨識出來的。

⊙ **法無我（或譯「法空」）** no-phenomena

萬法並沒有恆久的、獨立的實體。

⊙ **空性** emptiness

基本上是指事物（境，包括心理和生理的）沒有具體的自性存在。它們存在是因為它們的確顯現，但是當尋找它們的本質時，它們卻無法被找到。

⊙ **施受法** tonglen

「取與給」。藏傳佛教的一種修心法門，把他人的痛苦和受苦之因取來自己承受，並將自己的快樂和快樂之因施予他們。

⊙ **相互依存** interdependence

與空性相聯的關鍵術語。因所有事物都依賴其他事物，故沒有任何事物是獨立的。反之，所有事物都相互關聯，因此相互依存。故一切事物皆無自性的存在。相互依存的同義詞是緣起，意思是「事物依賴其他事物而生起」。

⊙ **風** lung

藏語意為「風」或「空氣」。梵文為 prana。基本上是指體內循環的能量。

⊙ **座下修** post-meditation

「坐墊下」的禪修——即在日常生活處境中的禪修。

⊙ **教團** Sangha

佛教徒的靈修社群。「聖僧團」指開悟大師們的社群。

- **深度工作**　deep work

  在外部干擾最少的情況下完成的工作。理想上，這提供一個讓創造力蓬勃發展的環境。

- **喇嘛**　lama

  藏語意為「重」，指稱開悟的大師。這些老師負責引導修行者——教授佛法（佛教教義）並且回答學生的問題。

- **悲心**　compassion

  希望減輕或滅除眾生受苦之願望。

- **智慧**　wisdom

  世俗智慧關切智識方面的訊息。更高層次的或超驗的智慧則涉及直接了知，或許出於直覺。

- **無常**　impermanence

  指稱事物如何持續變遷的一個佛教核心概念。

- **菩提心**　bodhichitta

  梵語意為「覺醒的心」。是慈心與悲心的見地與行持。

- **虛擬實境**　virtual reality

  潛在地、大略地存在的事物，它「有作用，但不真實」。例如，電腦螢幕、全像投影、虛擬實境護目鏡等作用的真實性。

- **慈心**　loving-kindness

  希望眾生都能擁有快樂的發願。

- **業**　karma

  梵語意為「作為」或「行動」。是佛教的因果觀（也見於其他的印度宗教，例如印度教）。

⊙ **達賴喇嘛**　Dalai Lama

藏傳佛教格魯派的領袖。許多世紀以來，達賴喇嘛一直是西藏的政教和精神領袖。現任達賴喇嘛丹增嘉措是達賴喇嘛傳承的第十四世。

⊙ **錯失恐懼症**　FOMO

對於錯失的恐懼。數位應用界和設計者常用的術語。

⊙ **覺知（覺性）**　awareness

察覺或偵測現象的一種心的品質。更廣泛的意義上，覺性是一種無邊際、不偏頗、廣闊的品質，具有重大的靈性意義。

延伸閱讀建議

第一部分：在散亂的魔咒下

- Eyal, Nir. Hooked: How to Build Habit-Forming Products. New York: Random House, 2014.
- Packard, Vance. The Hidden Persuaders. Reissue. New York: Ig Publishing, 2007. Originally published in 1957.

第二部分：學習輕鬆呼吸

- 一行禪師，《正念的奇蹟》，何定照譯。台北：橡樹林出版社，2012。
- 喬．卡巴金，《正念減壓初學者手冊》，陳德中、溫宗堃譯。台北：張老師文化，2013。
- 頂果欽哲法王，《你可以更慈悲：頂果欽哲法王說明〈菩薩 37 種修行之道〉》。高雄：雪謙文化出版社，2007。

第三部分：深入探討萬法的本質

- 羅睺羅．化普樂，《佛陀的啟示》，顧法嚴譯。財團法人台北市慧炬出版社，1972。
- 馬修．李卡德，鄭春淳，《僧侶與科學家—宇宙與人生的對談》，杜默譯。台北：先覺出版社，2003。

第四部分：靈性之道的價值

- 阿爾道斯．赫胥黎，《長青哲學》，王子寧、張卜天譯。中國大陸：商務印書館，2018。
- 髻智比丘，《親近釋迦牟尼佛：從巴利藏經看佛陀的一生》。台北：橡樹林出版社，2006。
- Schmidt, Marcia Binder. Dzogchen Primer: An Anthology of Writings by Masters of the Great Perfection. Boston: Shambhala, 2002.

⊙ 附錄一：風

- 益西．東登醫師，《達賴喇嘛的御醫，告訴你治病在心的藏醫學智慧》，艾倫．華勒士、普賢法譯小組譯。台北：橡樹林出版社，2018。
- Rapgay, Lobsang. The Tibetan Book of Healing. Twin Lakes, WI: Lotus Press, 2005.

⊙ 附錄二：佛教簡介

- 第十四世達賴喇嘛，《藏傳佛教世界：西藏佛教的哲學與實踐》，陳琴富譯。新北市：立緒出版社，1998。

關於作者

扎・格龍仁波切閣下是大成就者吉美俄察嘉措的第五世轉世（祖古），後者是仁增吉美林巴四大心子之一，也是西藏東部扎曲卡格龍寺的創建者。

仁波切完成了深廣的佛法修學和訓練，範圍涵蓋顯宗、密宗、扎龍－幻輪瑜伽氣修法和大圓滿傳統，同時他也在西藏進行了一次 3 年閉關。17 歲時，他承擔起重建並督導格龍寺和格龍寺佛學院（Shedra）的責任。

自 1999 年以來，仁波切一直將他的智慧、關懷和慈悲奉獻給世界各地的學生，為他們服務。他把自己的時間分配給西藏和一些其他地區，包括北美洲、南美洲、歐洲、亞洲和喜馬拉雅山區。

仁波切在美國創立了益西龍佛教中心。他也創辦了韓國益西龍和台灣益西龍。

仁波切是格龍基金會的主任，該基金會支持西藏的教育、文化和人道主義計畫。此外，仁波切也是《歇心靜坐》（商周出版，2018）一書的作者。

從心解脫：數位時代的心靈降躁法，藏密大師教你找回內在的寧靜與澄明

The free mind : finding clarity in a digitally distracted world

作　　者　格龍仁波切（Dza Kilung Rinpoche）
譯　　者　張圓笙
責任編輯　賴妤榛

線上回函卡

版　　權　吳亭儀、江欣瑜
行銷業務　周佑潔、林詩富、吳淑華、吳藝佳
總 編 輯　徐藍萍
總 經 理　彭之琬
事業群總經理　黃淑貞
發 行 人　何飛鵬
法律顧問　元禾法律事務所　王子文律師
出　　版　商周出版　115 台北市南港區昆陽街 16 號 4 樓
電話：(02) 25007008　傳真：(02)25007579
E-mail：ct-bwp@cite.com.tw　Blog：http://bwp25007008.pixnet.net/blog
發　　行　英屬蓋曼群島商家庭傳媒股份有限公司城邦分公司
115 台北市南港區昆陽街 16 號 8 樓
書虫客服服務專線：02-25007718　02-25007719
24 小時傳真服務：02-25001990　02-25001991
服務時間：週一至週五 9:30-12:00　13:30-17:00
劃撥帳號：19863813　戶名：書虫股份有限公司
讀者服務信箱 E-mail：service@readingclub.com.tw
香港發行所　城邦（香港）出版集團有限公司
香港九龍土瓜灣土瓜灣道 86 號順聯工業大廈 6 樓 A 室
E-mail: hkcite@biznetvigator.com　電話：(852)25086231　傳真：(852)25789337
馬新發行所　城邦（馬新）出版集團 Cite (M) Sdn Bhd
41, Jalan Radin Anum, Bandar Baru Sri Petaling, 57000 Kuala Lumpur, Malaysia.
Tel: (603) 90563833　Fax: (603) 90576622　Email: services@cite.my

封面設計　李東記
印　　刷　卡樂製版印刷事業有限公司
總 經 銷　聯合發行股份有限公司　新北市 231 新店區寶橋路 235 巷 6 弄 6 號 2 樓
電話：(02) 2917-8022　傳真：(02) 2911-0053

■ 2025 年 4 月 29 日初版

城邦讀書花園
www.cite.com.tw

Printed in Taiwan

定價 380 元

ISBN 978-626-390-505-4

THE FREE MIND: Finding Clarity in a Digitally Distracted World
by Dza Kilung Rinpoche

Published by arrangement with Shambhala Publications, Inc., 2129 13th St, Boulder, CO 80302, USA, www.shambhala.com through Bardon-Chinese Media Agency

國家圖書館出版品預行編目 (CIP) 資料

從心解脫：數位時代的心靈降躁法，藏密大師教你找回內在的寧靜與澄明 / 格龍仁波切 (Dza Kilung Rinpoche) 著；張圓笙譯. -- 初版. -- 臺北市：商周出版：英屬蓋曼群島商家庭傳媒股份有限公司城邦分公司發行，2025.05
面；　公分
譯自：The free mind : finding clarity in a digitally distracted world
ISBN 978-626-390-505-4(平裝)

1.CST: 藏傳佛教 2.CST: 佛教修持

226.965　　　114003802